创业学精要

从画布到落地

林诚光　陈建行　著

北京大学出版社
PEKING UNIVERSITY PRESS

图书在版编目（CIP）数据

创业学精要：从画布到落地 / 林诚光，陈建行著. —北京：北京大学出版社，2023.7

ISBN 978-7-301-33979-4

Ⅰ. ①创… Ⅱ. ①林…②陈… Ⅲ. ①创业—教材 Ⅳ. ①F241.4

中国国家版本馆CIP数据核字(2023)第091461号

书　　名	创业学精要：从画布到落地 CHUANGYEXUE JINGYAO：CONG HUABU DAO LUODI
著作责任者	林诚光　陈建行 著
策划编辑	裴 蕾
责任编辑	高 源　张 燕
标准书号	ISBN 978-7-301-33979-4
出版发行	北京大学出版社
地　　址	北京市海淀区成府路205号　100871
网　　址	http://www.pup.cn
电子信箱	编辑部 em@pup.cn　总编室 zpup@pup.cn
新浪微博	@北京大学出版社　@北京大学出版社经管图书
电　　话	邮购部010-62752015　发行部010-62750672　编辑部010-62750667
印 刷 者	北京九天鸿程印刷有限责任公司
经 销 者	新华书店
	880毫米×1230毫米　A5　6.25印张　155千字 2023年7月第1版　2023年7月第1次印刷
定　　价	54.00元

未经许可，不得以任何方式复制或抄袭本书之部分或全部内容。
版权所有，侵权必究
举报电话：010-62752024　电子信箱：fd@pup.cn
图书如有印装质量问题，请与出版部联系，电话：010-62756370

推荐序一

寄语中国创业者

拥抱属于你们的巨变时代

2022年,香港大学经管学院在深圳设立了校区。港大深圳校区与本部资源互通,未来将以大湾区为主场,通过人才培养、科学研究、创新创业及技术转化,与大湾区的建设者们一起携手建设新时代的大湾区。

多年前我在美国斯坦福大学求学时,就深刻感受到了大学与高科技产业区之间的密切关联。众所周知,硅谷的诞生与斯坦福大学息息相关,甚至有人说,斯坦福大学就是硅谷的"摇篮"。可以说,斯坦福大学影响和塑造了硅谷,而成长起来的硅谷也在不断"重塑"着斯坦福大学。这种相辅相成的奇妙关系是一种共生,更是一种相互之间的促进与成就。

这也正是港大设立深圳校区的初衷与重要目的之一——让大学培养一流的人才来"滋养"本地区的创新创业土壤,同时反过来,本地区的创新创业土壤也会促使大学的教学实践水平提升到与时俱进的新高度。正如斯坦福大学之于硅谷一样，我们也期待着在粤港澳大湾区迈向世界级国际科创中心的过程中，本地区的大学发挥出越来越大的作用。这无论对于粤港澳大湾区的大学还是新兴创业企业来说，都有着重要的意义。

而对整个商学教育而言，我们需要适应时代的变化、培养时代需要的人才。中国近现代教育先驱蔡元培先生在他30岁时辞去官职、回家办教育，因为他认为，改变当时中国的要诀，不是仅靠几个人，而是要"培养革新的人才"。具有新思维、新视野的人才正是我们现在这个巨变时代的"弄潮儿"，而创业教育也正是承担这一重任的有力承托。

正因如此，我很高兴看到有这样一本专业的创业学教材面世，这对于港大经管学院而言是一件非常有意义的事情。创业是一场复杂的实践活动，如果有正确的指引，创业将会事半功倍。这本书正是将国际最新的创业学研究成果与国内创业实践进行结合而得到的一本框架性指南。我十分期待这本书能在为大湾区乃至全国培养一流创新创业人才的工作中做出贡献。

当今世界，正经历百年未有之大变局。中国作为世界舞台上的主要大国，也正处在一个微妙的关口——中国的未来，将面临一个世界局势与科技发展的巨变时代。在这个时代里，"危"与"机"并存。一方面，日新月异的商业模式和一浪接一浪的技术创新，推动着人类社会不断进步，人们生存与生活的方式发生巨大改变；而另一方面，英国脱欧、美元加息、俄乌冲突、各国高通胀频发等"灰天鹅"事件，又时时提醒我们，这是一个暗流翻涌、充满变数的世界。可以说，这是一个难以被定义和预测的时代，是最好的时代，也是最坏的时代。

这个孕育着机遇的时代，将为创业者带来更多的可能性。同样地，他们也将面临更多的不确定性。我期待中国的创业者们，可以从这本书中汲取足够的知识与技能储备，并在创业实践中勇往直前，直至成功的彼岸。未来属于你们，时代属于你们，你们是时代的勇士，期待你们迈向真正的成功。

蔡洪滨

香港大学经济及工商管理学院院长

推荐序二

面向未来的创业学与创业教育

我们所有人都经历了让人难以忘怀的2022年。从更广阔的历史视角来看,这一年也许会是一段宏大历史的序曲。在新冠肺炎疫情、中美博弈、俄乌战争等因素叠加影响之下,世界政治、经济格局正在迅速分化和重构,全球产业链、供应链也在大范围解构和重组。受此影响,世界贸易增长乏力,全球化进程前途未卜……可以说,这是一个前所未有的VUCA〔Volatility(易变性),Uncertainty(不确定性),Complexity(复杂性),Ambiguity(模糊性)〕时代。

我在《福布斯》(Forbes)的一次专访中曾经提及,在如此特殊的时代,上市公司CEO除了要具备战略眼光、专业能力和高尚品质这三项基本素质,在当下还特别需要企业家精神,要敢于变革、善于创新。以变革创新为核心的企业家精神对于企业的领导者来说是不可或缺的。在英文语境下,"创业"与"企业家精神"其实都指向了同一个单词"entrepreneurship"。这并不是一种巧合，而是这个单词的真正内涵具有一体两面。因此，无论是创业者还是大型企业 CEO，其导向成功的核心能力实际上并无二致。

管理，指基于大量实践观察、研究，归纳、总结、创造出具有规律性的科学思想和方法，来提供针对现实问题的预见性方案，并进行提前布局，同时在方案实施执行中实时监控，通过对一些输入变量异常变化的监测来及时调整相应策略，以求达到更优的产出。管理学是指导企业发展的科学方法论。

创业学作为管理学的一个门类，其内涵是管理学体系中的重要组成部分，并在管理学的大框架下逐步形成了一套独具特色的理论框架与实践方法论，同时在企业的战略决策、团队建设与激励、商业模式创新、融资、营销等方面发挥出越来越大的作用。这是全世界初创企业发展所普遍遵循的规律。掌握创业的核心要素、构建完善的创业知识体系，进而建立系统的创业认知体系，这不仅对创业者来说是必要的，而且对成熟企业的领导者而言同样也是极其重要的。

当下，新一轮科技革命和产业革命扑面而来，中国的科创热潮方兴未艾。与此同时，中国在越来越多的科技领域遭遇西方围剿。这样的大环境无疑对我们的创业者，尤其是科创领域的创业者提出了更高的要求。我们必须倡导真正的大学精神和科学精神，这是社会走进新时代、进行现代化转型的动力。而基于创业认知底层逻辑基础上的创业精神或企业家精神无疑是整个国家经济发展最重要的微观动力来源。

基于此，专业的创业书籍正是当下所迫切需要的。诚光与建行两位教授集多年教学经验及实践发现，撰写了这样一本精简扼要、扩展性和实用性都很强的创业指导书。本书既是对创业实践的框架性指导，也是对创业学理论在某种程度上的精要概述。我期待有更多的中国创业者，能够获得专业、高效的理论与实践指引，发挥企业家精神，创造出更多适应时代发展的伟大企业！

陆雄文

复旦大学管理学院院长

推荐序三

逐光而行

中国新一代创业者的学习与进化之路

一个伟大的企业应该是什么样的？对创业者来说，这是一个有趣且值得探讨的问题。

我认为，伟大的重点显然并不在于"大"。在过去三十多年里，中国已经诞生了很多大企业，它们为国家经济发展做出了很大贡献；但这对于我们国家的长期发展而言，可能还并不足够。

从国家经济的整体角度来看，我更倾向于用投资资本收益率（return on invested capital，ROIC）来衡量企业对于国家经济的贡献。可以说，中国企业的发展分为两个阶段：企业粗放式发展、更重体量而非质量的1.0时代，以及企业更加优质、投资资本收益率更高的2.0时代。现在，我们正好就处于从1.0时代向2.0时代过渡的阶段。在这个中国经济转型的关键阶段，我们需要新的企业发展范式——从注重投资率转向注重投资资本收益率。站在更微观的企业视角，我们需要以获得更高投资资本收益率的方式去创办和经营企业，比如运用更具革命性的技术、更合理的组织形式、更有效的商业模式等。

今天，新一代中国创业者正在崛起。在这个时代，他们会面临更多的困境——众多行业已进入红海、互联网红利将到尽头、外部大环境充满不确定性……但在他们手中，也注定会诞生更多伟大的企业。这是时代的使命使然，更是时代滚滚向前的磅礴动能使然。

显然，当下的这个时代对新一代创业者的专业度、洞察力和创新精神提出了更高的要求。这本书从整体角度将创业的理论与实操进行了系统梳理，构建了一个专业性和实践性都相当高的框架模型。对创业者来说，这是一份高效且专业的指南；而对想要学习创业的人而言，这也是一个不可多得的高效学习窗口。个体的成长，就是循着到最好的地方，找最好的老师，学最好的知识，做最好的学问，成就最好的自己。两位教授以自己在管理学领域的精深造诣以及实际的上市公司管理经验著成此书，可以说正是广大创业者的"入门良师"。

我认为，大学教给学生的不是恃才傲物，恰恰相反，我们在知识的殿堂里更应该学会敬畏，而这其中就包含了对专业的尊重。作为一门管理学的独立分支，创业学已经发展了近半个世纪之久，可以说我们正是站在巨人肩膀上得以眺望更远更美的风景。专业领域的提升对我们每个人无疑都大有裨益。而在当下信息、知识、事实泛滥的时代，独立思考能力和连接能力像金子一样珍贵。本书对创业学原理采用言简意赅且富于实践性的书写模式，正可以启迪思维，开启自主拓展的求索之路。两位教授集东西方智慧于一身的特质，也为我们提供了一个根植中国、放眼世界的广阔视野。

我们所经历的这个时代是一个波澜壮阔的时代。在这个时代，和一群有同样想法的人在一起，去更远的地方，看到并实现一个更好的未来，是一件幸事。创业正是这样一件可以与志同道合者勠力同心、成就事业的壮举。诗人博尔赫斯（Jorge Borges）说："时间是构成我的物质。时间是一条载我飞逝的河流，而我就是这条河流；它是一头毁灭我的老虎，而我就是这老虎；它是一团吞噬我的火焰，而我就是这火焰。"时间是构成我们的物质——我们度过时间的方式，就决定了未来我们的样子。随时代起舞，与同伴携行，在这个大时代中写下一个个属于自己的注脚，这正是新一代创业者的成长与成就之路。

这个世界需要梦想者，世界也因梦想而改变。创业需要有高度的梦想，也需要有广度的学习与有深度的实践。无论在哪一个战场，拥有勇气和理性的战士终将获得最后的胜利。愿本书的每一位学习者和读者，都能在书中获得思维上的启迪与实践上的指引，譬如一束束微光，不断汇聚在一起，成为照亮创业之路的明灯。

刘俏

北京大学光华管理学院院长

作者序

在经过三年多的交流、讨论、修改与完善之后，我们终于迎来了这本教材出版的日子。对此，我们由衷感到开心与欣慰。

从上世纪80年代开始，创业学的先驱和著名学者，如杰弗里·蒂蒙斯（Jeffry Timmons）、威廉·拜格雷夫（William Bygrave）、霍华德·史蒂文森（Howard Stevenson），将创业学纳入了本科和MBA课程体系中。这成为创业学发展史上的标志性事件之一。进入21世纪以来，创新创业对中国经济发展的重要性不断提升，党的二十大提出要"弘扬企业家精神，加快建设世界一流企业"。创业学在培养大学本科生和MBA等研究生商业思维方面发挥了重要作用。这本教材，正是我们多年来在全国各地大学面向各个层次学生（包括MBA/EMBA/DBA）教授创业学的心得、研究成果和总结。我们希望编撰一本简明的、既有理论高度又有实践深度的框架性指引，同时书中的知识点要既可以很快落地执行又能为读者带来思维上的拓展。我们期待这本书能为创业者和从事创业学教育的同行带来助益。

现在，创业学在历经半个多世纪的发展之后已经成为一门独立的管理学分支。对于需要学习创业并付诸实践的人来说，尤其是对创业者与需要内部创业以求变图存的企业管理者来说，如何充分利用最新的创业学理论成果并从实践的角度出发厘清创业的主要行动路径与方法，是一个非常大的挑战。

因此，我们很高兴能够完成这一行动指引框架的构建工作并形成了一本对实际创业具有现实指导意义的教材，从而为需要系统学习创业和有志于开展创业的人士提供一个实践路径参考和一套行之有效的思考工具。鉴于我们编写的初衷及本书的篇幅，如果需要进一步深入了解和研修书中的一些理论知识，我们建议大家根据本书内容参阅一些经典的创业学著作和书后的部分重要参考文献。

对于本书，我们非常感谢香港大学经济及工商管理学院蔡洪滨院长、复旦大学管理学院陆雄文院长、北京大学光华管理学院刘俏院长在百忙之中抽出宝贵时间为本书撰写了序言，同时感谢北京大学出版社对本书的精心编辑、审校并提出宝贵意见。

我们要特别感谢康伟先生一直以来的支持和帮助，他在梳理行文语言、将原稿改编为适应读者阅读习惯的文本以及绘制插图方面做出了很大贡献，尤其他对我们的理论框架和知识内涵有着深入的理解，这对保障本书的完整准确表达是至关重要的。

我们同样要感谢我们的家人,她们对我们的工作付了极大的耐心与宽容,感谢她们!

最后,预祝各位学有所获,行有所成!谢谢大家!

目 录
CONTENTS

第1章　创业的本质与路线图 / 1

1.1　概述 / 1
1.2　创业的本质 / 5
1.3　创业项目路线图规划 / 9
1.4　如何成为一位成功创业者 / 14
1.5　总结 / 17

思考题 / 17

第2章　创业机会 / 18

2.1　概述 / 18
2.2　创业机会的特征 / 22
2.3　寻找创业机会 / 28

2.4 创新机会的来源及创业机会的考量点 / 31

2.5 总结 / 35

思考题 / 35

第3章 建立经营理念 / 36

3.1 概述 / 36

3.2 产品说明 / 40

3.3 产品优势说明 / 42

3.4 产品定位说明 / 44

3.5 目标市场说明 / 45

3.6 团队优势说明 / 50

3.7 财务 / 51

3.8 经营宗旨 / 52

3.9 经营理念说明书例子 / 53

3.10 总结 / 55

思考题 / 55

第 4 章　商业模式 / 56

4.1　概述 / 56

4.2　商业模式 / 57

4.3　商业模式画布 / 59

4.4　商业模式中的创新 / 73

4.5　总结 / 75

思考题 / 75

第 5 章　商业计划书 / 77

5.1　概述 / 77

5.2　商业计划书的概念、作用与分类 / 79

5.3　商业计划书的写作要点 / 82

5.4　商业计划书的框架及各部分关键要点 / 83

5.5　商业计划书的展示 / 93

5.6　总结 / 95

思考题 / 95

第 6 章　综合营销 / 96

6.1　概述 / 96

6.2　"S-T-P"战略营销 / 101

6.3　传统的"4P"营销策略组合 / 111

6.4　知识经济下的新"4P"营销策略组合 / 113

6.5　总结 / 115

思考题 / 115

第 7 章　创业金融 / 116

7.1　概述 / 116

7.2　企业金融的核心——理解企业金融的世界 / 119

7.3　管理钱（财务管理）/ 128

7.4　找钱——获得资金或融资 / 131

7.5　估值 / 138

7.6　总结 / 147

思考题 / 147

第8章 运营管理 / 149

8.1 概述 / 149

8.2 从画布到落地——运营管理的深层含义 / 151

8.3 "黑盒子"理论：企业运营的输入与产出 / 152

8.4 运营管理的创新 / 156

8.5 总结 / 162

思考题 / 162

参考文献 / 164

第 1 章
创业的本质与路线图

 概述

创业可以分为个人创业和企业创业。

◇ 个人创业即由个人或团队创立一个新企业，也是创业活动的一个结果，其他结果可能是收购、投资和特许经营。

◇ 企业创业则是因内部创新而产生的企业内创业活动。

不管是个人创业还是企业创业，其最终目标都是维系企业的可持续发展。而维系企业可持续发展的基础，就在于构建出一套可行的商业模式。

◇ 商业模式涉及创业（营商）的方方面面，包含价值主张、资源、生产及盈利等在内的诸多要素。价值主张的概念在第 4 章会详细讨论。

◇ 商业模式的重要性同时也在于创新,创新是构建商业模式的起点。管理学之父彼得·德鲁克(Peter Drucker)告诉我们:企业在任何一个改革或改变的过程中引用了新的知识,就是创新。

商业模式诸多要素中任意一方面的创新,比如新创业者积极开拓新的价值主张,或成熟企业对盈利方式的革故鼎新,都是创业成功至关重要的核心因素。

创新不仅是构建商业模式的核心要素,同样也是创业的关键之处。因而,在这一层面上来说,创新即是创业,创业也即是创新,创新与创业二者实为一体、密不可分。

深刻理解创业、商业模式和创新三者之间的关系对于学习本书内容至关重要。这三者都是围绕企业可持续性这一目标而开展的。由此,我们构建出创新与创业的学习框架(见图1-1)。

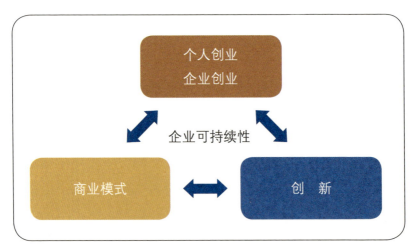

图1-1 创新与创业的学习框架

学习创业首先需要从个人、企业及社会的角度审视创业，了解创业的整个流程；其次进行商业计划书的设计、执行及创业融资等起步阶段的重要工作；最后构建适合企业发展的商业模式，并掌握社会企业与商业企业创业的要点。

本书以创业相关核心知识为轴，以完成商业计划书作为创业的阶段性成果，主要学习从开始创业到完成商业计划书这一过程中所需要掌握的相关知识与技能，并培养相关的创业思维及能力。

从创业的流程来看，开始创业到完成商业计划书可分为两个阶段。

◇ 第一个阶段是寻找、评估和利用创业机会。

◇ 第二个阶段是进行商业可行性分析、制定融资战略和构建商业模式，并在此基础上完成商业计划书。

本书所述的创业流程如图 1-2 所示。

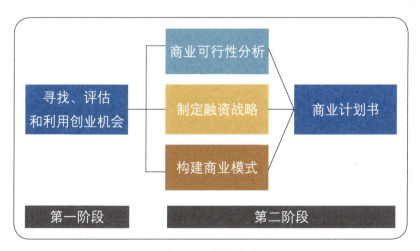

图 1-2　创业流程

如何利用这本书来学习创业呢？我们建议从下面几个环节出发，每一个环节都需要有能够交付的产出。

◇ 首先是了解如何寻找、评估和利用创业机会。这一步的产出是完成创业机会的评估。

◇ 其次是进行经营理念的建立，了解机会的可行性、建立经营理念，之后构建商业模式，依据商业模式确定融资战略。这一过程会有三个产出：<u>经营理念</u>、<u>商业模式</u>、<u>融资战略</u>，这三者为撰写商业计划书提供基础。

◇ 最后是完成阶段性成果：撰写<u>商业计划书</u>。商业计划书的完成，也就意味着机会的可行性得到了佐证。

本章是创业学习的第一章，主要目的是建立对创业的基本认知，并从整体了解全书的学习路径，为后续的学习打下基础。

本章主要分为以下三个部分：

i. 第一部分阐述创业的本质和关键要素；

ii. 第二部分对创业项目路线图做一个简要的概述，从而对全书有一个提纲挈领的认知；

iii. 第三部分对"如何成为一位创业者"这一问题进行探讨。

1.2 创业的本质

1.2.1 企业生命周期与发展的可持续性

美国创业学教育先驱、创业教育之父杰弗里·蒂蒙斯（Jeffry Timmons）教授在论及企业的挑战时曾经说过，企业应该竭尽全力按照创业的运作方式进行思考、行动和完成各项职能，否则将被竞争者或新企业替代。

就像人或者其他生物一样，企业也是有生命周期的。根据企业生命周期理论，企业的发展与成长会经历一条动态的轨迹，包括发展、成长、成熟、衰退四个阶段，如图1-3所示。

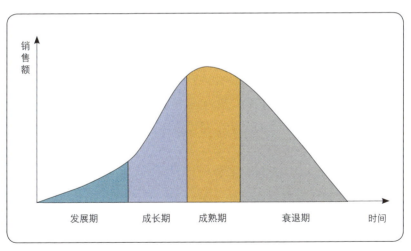

图1-3　企业生命周期

基本上所有企业都会经历这四个阶段。在每一个阶段，企业都要面对不同的周期属性，例如：

◇ 客户特点与属性

◇ 竞争对手的数量与属性

◇ 潜在市场的大小

◇ 市场增长速度和容量

◇ 科技与技术的建立和稳定性

企业需要不断地寻找新的生命周期，从而规避衰退，维系企业的可持续发展。企业要想持续地经营下去有以下两个办法：

i. 把生命周期延长；

ii. 开发第二生命周期曲线。

管理哲学之父查尔斯·汉迪（Charles Handy）在企业生命周期理论基础上提出：企业要想持续运营必须有第二生命周期曲线，由第二生命周期曲线开启新的企业生命周期。

那么，如何寻找新的企业生命周期呢？答案就在于——创业。

创业不仅指个人创业，企业在开发第二生命周期曲线的过程中也需要创业。企业只有通过内部创业、创新重构商业模式，才能避免衰退、重新获得发展和成长机会，焕发出新的生命力。个人创业同样如此，创业者需要积极创新，建立新的商业模式，让企业保持活力。

不管是个人创业还是企业创业，其最终目标都是构建出一套可行的商业模式，使企业能够持续发展，或使得企业通过变革而基业长青。所谓可行，指可以持续保持盈利和产量增长。在这一过程中，创新与创业是同为一体、密不可分的。

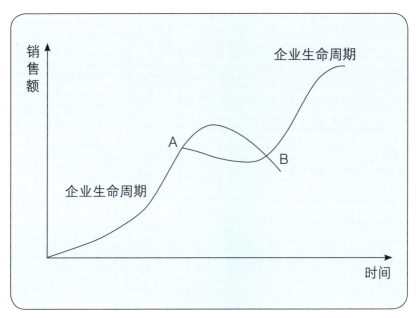

图 1-4　如何寻找新的企业生命周期

1.2.2　创业的本质

根据美国创业学先驱杰弗里·蒂蒙斯教授的理论,创业是由机会所驱动的,商业机会是创业过程的核心,而创业的本质就是发现机会,并且利用机会进行一连串的商业活动。

蒂蒙斯教授建立了蒂蒙斯创业过程模型。他认为,商业机会是创业过程的核心驱动力,创业过程始于创业机会,而不是资金、战略、网络、团队或商业计划。开始创业时,创业机会比资金、团队的才干和能力及资源更重要。

哈佛大学创业学大师霍华德·斯蒂文森(Howard Stevenson)有

一句关于创业的经典名言:"创业是一个人——不管是独立的还是在一个组织内部——追踪和捕获机会的过程,这一过程与其当时控制的资源无关。"

蒂蒙斯和斯蒂文森都指出了创业的本质,那就是一个对于机会的管理过程。在创业中,寻找机会、验证机会进而运营企业把握机会,构成了创业的关键过程。

既然机会如此重要,那么,机会到底是什么?对创业学习而言,这是一个非常重要且基础的问题,也是本书的一个学习重点。

一个好的创意或者想法并不一定能被称为机会。机会是具有持续性的,一次偶发的交易并不是机会,只有能形成长久且稳定的生意才是机会。

同时,如果机会无法转化成可销售的产品或服务,那么这个机会就是无效的。创业是一个过程,是寻找和发现机会、评估机会,并将其转化为可销售的产品或服务的过程。形成可销售的产品或服务是关键,如果产品或服务不可销售,创业显然也不可能成功。

因此,我们可以把机会定义为具有很强吸引力的、能够持久的、有利于创业的关键要素,创业者或企业可以据此为客户提供有价值的产品或服务,从而构建商业模式并使企业得到可持续发展。把握住机会可能导致多种结果,比如个人自主创业、企业自主经营,或成为特许经营商、企业被收购等。

1.2.3 创业的关键要素

对于创业者而言,机会、资源、组织是创业的三大要素。这三大要素的重要性和次序不分先后,但必须在同一时间都具备才能成功。

机会——具有很强的吸引力和持久性，同时可转化为产品或服务并形成商业模式，推进企业的可持续发展。

资源——是企业在创造价值过程中需要的人、财、物等各种要素的总和。资源的配置非常重要，人脉是创业过程中宝贵的资源。

组织——即开展创业的商业实体，包含对该实体的管理。

由此，我们可以构建出创业关键要素的总体框架，见图1-5。

创业者对机会进行寻找、评估和利用，通过自身努力吸引资源，完成对资源的组合，同时建立和管理组织，开始创业工作。选择资源需要关注机会的需要，而利用机会需要由合适的组织来施行，组织对资源进行一系列的优化配置，以使资源利用率最大化。

在本小节中，我们需要重点关注三点：首先是企业的生命周期和第二生命周期曲线的开发；其次是创业的本质在于对机会的管理；最后是创业的三大关键要素，包括机会、资源和组织及它们之间的关系。

需要指出的是，企业进行创业、开发第二生命周期曲线是持续运营的关键。如果企业不能进行内部创业、开发第二生命周期曲线或延长原有生命周期，就可能逐步陷入衰退状态。这一点已经被很多商业案例所证实。

1.3 创业项目路线图规划

创业发展有不同的阶段和步骤，图1-6是一个简化版的创业发展阶段步骤图。

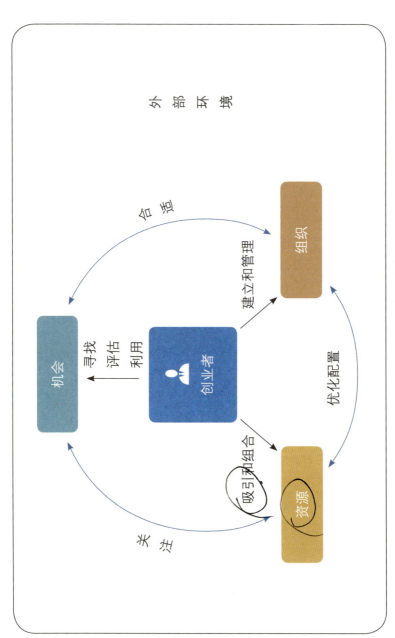

图 1-5 创业的关键要素

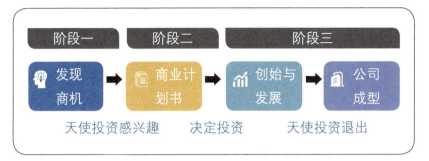

图 1-6 创业发展的不同阶段和步骤

从图 1-6 中我们可以看到，从发现商机到公司成型可以分为三个阶段。天使投资一般在商业计划书完成之后介入，在公司发展成熟、规模扩大后退出。本书主要讨论的是从发现商机到完成商业计划书的这一个阶段。

根据创业的流程及阶段步骤，可以规划出创业项目的路线图，包含以下七个部分：

i. 发现创业机会；

ii. 建立经营理念；

iii. 建立商业模式；

iv. 商业计划书；

v. 综合营销；

vi. 创业金融；

vii. 运营管理。

本小节将简述这七个部分，帮助读者整体了解本书的脉络，为以后的学习做好铺垫。

1.3.1 发现创业机会

发现创业机会是创业的起点，而整合资源、管理组织以利用好创业机会则贯穿整个创业过程。我们需要了解创业机会的特征，从创业机会来源中发掘和识别创业机会，并根据自身情况进行评估和调整，从而奠定把握创业机会的基础。

1.3.2 建立经营理念

在找到创业机会之后，需要通过对机会、环境、资源等进行分析，建立起企业的经营理念。

创业者可以从产品、市场、团队和财务四个方面进行综合分析和判断，从而给出一份经营理念说明书，包含产品或服务的说明、预期目标市场/客户说明、产品或服务优势说明、产品或服务市场的定位说明、公司管理团队的简短描述/优势说明以及财务上的关键数据。

1.3.3 建立商业模式

商业模式是包含了一系列要素及其关系的概念性工具，用以阐明创业实体的商业逻辑。

我们将以利用商业模式画布这一工具来对商业模式进行解析。商业模式画布包含价值主张、客户细分、客户关系、渠道通路、收入来源、关键业务、核心资源、重要伙伴和成本结构九大方面的内容。

从商业模式画布中我们可以掌握商业模式的设计规划要点，并了解商业模式的运用。

1.3.4 商业计划书

在创业过程中,资源与商机间经历着一个从差距到适应的动态过程。商业计划书提供了创业者(组织)、机会和资源之间相互匹配和平衡状态的沟通语言和沟通规则。

商业计划书需要包含市场、客户、管理团队、比较优势、财务预测等各方面的内容,并需要准备多个场景下的汇报资料,比如会议演示文稿、电梯简报和完整的计划书文本。

1.3.5 综合营销

综合营销包含"S-T-P"(市场细分-目标市场-市场定位)战略营销、产品定义、价格策略、销售渠道、宣传促销、人才、流程、实物证据和个性化等多个要素。创业者需要从整体把握综合营销的各要素,并对执行后的效果进行评估。

1.3.6 创业金融

创业金融的管理对于创业而言有着非常重要的意义。创业金融管理的要点包含企业金融、财务管理、获得资金或融资以及估值。一个创业者虽然不需要对财务报表有很专业的了解,但必须对关键数值了如指掌,这样才能在创业的过程中做出正确的判断与决策。

1.3.7 运营管理

运营管理是维系企业发展的根本。运营管理包含运营"黑盒子"理论、运营管理创新等诸多内容。创业者必须在企业运营实践中做出统筹与管理,从而维系企业的可持续运营。

创业路线图的七个部分是非常重要的框架性内容，我们需要在后面的学习中深入理解。掌握创业路线图是创业者起步阶段需要建立的重要认知。建立这一认知是梳理创业的各个步骤和赢得里程碑的基础。

1.4 如何成为一位成功创业者

1.4.1 成功创业者

创业的英文为"Entrepreneurship"有时也被翻译成"企业家精神"，这体现了创业者对创业的重要性。创业者指创业活动的推动者，以及活跃在企业创立和成长阶段的企业经营者。

那么，究竟怎样才能成为一个好的创业者呢？

蒂蒙斯认为，创业者（创始人或工作团队）必须在推进业务的过程中，在模糊和不确定的动态的创业环境中具有创造性地捕捉商机、整合资源、构建战略和解决问题的能力，要勤奋工作并有牺牲精神。

根据众多创业案例，可以总结出创业者所具有的一些共性特征以供学习者参考。

i. 理性对待自己的创业，不要跟生意"谈恋爱"，不迷信也不盲从；

ii. 做事情要 100% 的投入，只有时刻充满激情，才能感染身边的人，才能获得成功；

iii. 以产品和客户为中心和导向，要为客户和用户带来价值；

ⅳ. 失败苦涩，但也能尝到甜头——让创业者不断成长；

ⅴ. 必须具有极高的执行力，学会把事情做完做好。

1.4.2 成功创业者应有的基本认知

对于创业者，需要甄别创业的一些基本认知，走出创业认识的误区。

认知 1：创业能力并非来自天赋或本能。

无数创业案例证明，每个人都有机会成为成功的创业者。促成创业成功有很多因素，包括成长环境、生活经历、行业知识、环境需求、个人选择等。在创业中，天赋并不是一个决定性的因素。

认知 2：创业并非赌博。

大多数创业者是温和的风险承担者，而非孤注一掷的赌徒。对机会的判断和理解，创业团队之外的人并不一定有深入的思考和理解，因此对其他创业者的成功创业机会需要审慎看待，不要轻易下结论。

认知 3：金钱不是创业者最大的驱动力。

如果创业项目成功了，获得丰厚的回报是必然的，但这都是成功之后的事情。创业者需要明白，如果金钱是最大的驱动力，那么创业并不是一种获取金钱的可靠方式，尤其在起步阶段。

认知 4：年轻且充满活力并不是创业者的必备标签。

创业活动分散在不同年龄范围内。虽然活力很重要，但投资人经常提及的"企业家精神"才是在做出投资决策中最重要的评估因素。投资人眼中很"强"的创业者，往往是有着成熟行业经验、坚实信誉和成功经验的创业者,也就是拥有"企业家精神"的创业者。

认知 5:发明不等同于创新。

发明并非创新的全部,只有能够实现商业化和产品化的发明或创意才能被称为"创新",即"Innovation(创新)= Invention(发明与创意)+ Commercialization(商业化)"。

成功创业者的共性和对于创业的基本认知是基于大量创业案例和创业经验获得的。这些案例和经验从理论学习中是难以获取的。学习者需要深入了解成功创业者的共性和创业者应有的基本认知,并在创业的实践中深入体会,加以合理的应用。

1.5 总结

本章我们了解了创业的本质和关键因素,对创业路线图和创业的各个阶段有了一个初步的认知,厘清了创业者的特性和创业认知方面的误区。总的来说,创业就是对机会的管理,创业者需要充满热忱、殚精竭虑,实现资源的组织调配和建立高效的管理组织。

 思考题

> a. 请阐述一下创业与创新关系。
> b. 你知道企业创业与个人创业的分别吗?
> c. 第二生命周期曲线的重要性在哪里?
> d. 你会鼓励你身边的人创业吗?请说出你这么做的原因。
> e. 成功创业是否可以有一个清晰的路线图?
> f. 成功创业的能力,是上天赐予还是可以通过系统性学习取得?
> g. 最佳学习成功创业能力的方法是什么?

第 2 章
创业机会

2.1 概述

创业学的核心在于对机会的管理。创业机会是一系列有利的条件和因素,它可让新的产品、服务或业务投入市场。

一个好的创业机会有四大特征:有一定持续性、具备窗口期/时机、对创业者有巨大吸引力、有特定的产品/服务。

◇ 创业机会必须具备有一定持续性,不能持续的创业机会只能进行一次或几次交易,而不能形成长期运作的生意。

◇ 好的创业机会需要有一个窗口期或时机,不具备窗口期或时机的创业机会很难转化为可行的创业活动。也就是说,这并不是一个创业机会。

◇ 创业机会对创业者的巨大吸引力能让创业者全身心地投入创业活动中去。这是一个好的创业机会的典型特征之一。

◇ 创业机会必须是建立在能为客户和用户带来价值的产品／服务之上的。这是创业的必要条件。

高价值创业机会的特点如图 2-1 所示。

图 2-1　高价值创业机会的特点

在这些特点中，需要注意以下两点：

◇ 窗口期／时机的评估包含有利条件、时间性因素、时间点评估等方面，最后评估总结的时间段即为创业机会的窗口期时间段。
◇ 要了解产品或服务的内涵，比如完整产品及核心产品的含义及其关系。

创业者可通过三种方式来寻找创业机会：观测趋势、解决问题、寻找市场间隙或市场空白。

◇ 观测趋势可以从 PEST——政治（P）、经济（E）、社会（S）、科技（T）四个方面着手观测发展趋势，以及从环保角度切入。

◇ 解决问题可以采用自下而上的方法，从问题的宽窄和深浅方面入手寻找需要解决的问题。

◇ 寻找市场间隙或市场空白可以从未被市场满足的需求着手，寻找利基市场——在较大的细分市场中具有相似兴趣或需求的一小群顾客所占有的市场空间。

找到创业机会的三种方式如图 2-2 所示。

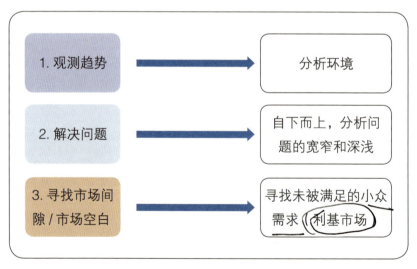

图 2-2　找到创业机会的三种方式

管理学之父彼得·德鲁克提出了创新的七大来源，包含意料之外的事件或结果、不协调的现象、程序的需要、行业或市场机构的变化、人口结构的变化、认知的变化、新知识等。这些创新来源也是创业机会的来源。

寻求创新机会有两种非常有效的方法：反向前推和去中介化（脱媒）。

反向前推是基于15年、20年后的视角往现在看，看看当今有哪些做法是"可笑"的、低效的或是将被淘汰的，从而发现创新机会。

脱媒指在进行交易时跳过所有中间人而直接在供需双方间进行，即去中介化的交易方式，可以通过SaaS（Software-as-a-Service，软件即服务）等模式，去除或减少链条中的环节，从而获得创新机会。

创业机会的五个考量点包括：可扩展性及可复制性、机会的资源需求、资本要求、地域范围和创业者是否已经准备好迎接挑战。

◇ 可扩展性、可复制性（Scalability）；

◇ 资源需求（特别是人和人际网络）[Resources requirement（People & Network）]；

◇ 资本要求（Capital requirement）；

◇ 地域范围（Geographical reach）；

◇ 创业者是否准备好迎接挑战（Are you up to the challenge？）。

本章是创业学习的第2章，主要目的是深入了解创业机会对于创业的重要性，同时了解创业机会的特征、寻找创业机会的方式和学习创业机会的重要考量点。

本章主要分为以下三个部分：

i. 第一部分阐述创业机会的重要性，并深入解析创业机会的特征；

ii. 第二部分帮助读者了解寻找创业机会的方法，并初步实践；

iii. 第三部分学习创业机会的考量点。

2.2 创业机会的特征

根据杰弗里·蒂蒙斯教授的《创业学》（*New Venture Creation*）中关于创业的定义，创业是一种思考、推理和行为的方式，它为创业机会所驱动，需要在方法上全盘考虑并拥有全面和均衡的领导能力来执行。

创业的本质就是对创业机会的管理。那么，创业机会究竟是什么？简而言之，一个创业机会是一系列的有利条件和因素的集合，它可让新的产品、服务或业务投入市场。

2.2.1 创业想法与创业机会

创业想法和创业机会是两个不同的概念。

对创业者来说，一个具有创意的想法不能与一个好的创业机会画等号。创业者不能通过想法进行创业。只有这个想法具备商业上的可行性、具有典型机会特点，才会延展为一个创业机会。

创业想法是一种停留在头脑中的构想，相对而言比较片面，并不一定能够经得起严密的推敲。而创业机会则是一个综合判断的结果，包含对启动时机、业务开展范围、团队、资金、创业者个人能力等的全盘考量。因此，只有经过了严格论证和通盘考虑后具有现实可行性的创业想法，才能成为一个真正的创业机会。

好的创业想法是一个主观的判断结果，而好的创业机会才是一个客观的评判结果。创业者有没有一个好的创业想法并不重要，重要的是要有一个好的创业机会，并且要能够有效地把握住这个创业机会。

2.2.2 好的创业机会及其特征

一般而言，好的创业机会具有有一定持续性、具备窗口期/时机、对创业者有巨大吸引力和有特定的产品/服务四大特征。判断一个创业机会好坏可以从这四个特征入手进行分析。

1. 有一定持续性

有一定持续性是创业机会的基本特征。不具备持续性的商业机会只是一种偶发的交易行为，不能形成稳定的商业模式，也不能使创业活动持续开展。

在判断某个创业机会是否足够好的时候，需要对其能否持续开展进行深入探讨。创业机会的持续性应包含市场的持续性（是否有长期稳定的市场需求）、产品/服务的持续性（是否可以形成具有延续性的特定产品/服务）、盈利的持续性（从成本利润角度考量是否可以达成持续盈利）、资金的持续性（创业者是否有能力进行持续投入以保障创业活动的不断开展）等。

此外，创业机会具有持续性的显著特征还在于：这个创业机会能否为创业者建立获取下一个创业机会的平台？这个平台可以是资源平台、人才平台、关系与人脉的平台、行业洞察平台、知识平台等。创业者通过这次创业机会带来的平台，积累起自身能力和外部资源，从而为下一次创业机会做好充足的准备。

2. 具备窗口期/时机

机会窗口的存在是好的创业机会的显著特点。不存在机会窗口或者机会窗口尚不成熟的创业机会不能被称为好的创业机会。

对于机会窗口的分析，要从机会的有利条件、时间性因素和时间点评估三个方面入手。将上述影响因素进行罗列，并最终总结出一个机会窗口期（如表2-1所示）。需要指出的是，不具备窗口期的机会只是一个想法而已，根本不能被称为创业机会。

表2-1 机会窗口期分析

有利条件	时间性因素	时间点评估	总结的时间点
×××	×××	×××	×××
×××	×××	×××	××× （窗口期）
×××	×××	×××	×××

3. 对创业者有巨大吸引力

创业机会必须要对创业者具有强烈吸引力，这决定了创业者对待创业的投入程度和面对挫折时的韧性。

创业机会对创业者吸引力的来源可以是多种多样的，比如对于产品的深刻认知、对市场的理解与信心、个人的理想抱负和爱好等。创业机会与创业者矢志追求的目标相一致，或是创业者对创业机会抱有极大的兴趣，就能保障创业者在开展创业活动时的热忱，在创业活动遇到挫折时保持足够的定力和韧性，这是创业能够最终获得成功的关键因素之一。

创业的这个特征包含创业者的主观判断。

4. 有特定的产品/服务

找到特定的产品/服务，这是创业的先决条件。在这里需要理解核心产品和完整产品两个重要概念。

核心产品是一个基础产品的概念，是客户或用户可以获取的价值，尤其是使用价值。创业者必须牢记的关键点在于：价值是客户的感知。举例说明：对于一瓶普通的矿泉水，消费者购买的是"解渴"这个价值；而对于一瓶高级宴会使用的昂贵矿泉水，消费者购买的是"彰显身份与品位"这个价值。

完整产品则是包含所有实体产品、服务内容及产品包装等在内的整个产品或服务。如上面所说的普通矿泉水，消费者买到的实际上是一个完整产品：包含水、外包装、品牌等。

产品、服务、完整产品和核心产品的含义及相互之间的关系可以总结为以下几点，为了让我们更好地理解，可看图2-3。

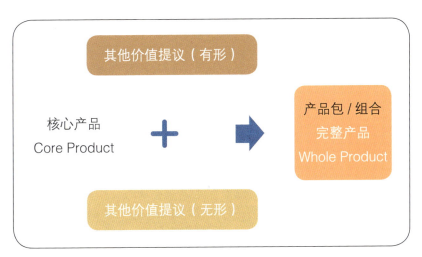

图2-3 核心产品与完整产品的关系

◇ 产品 = 服务 + 实物产品

◇ 完整产品 = 核心产品（核心价值）+ 附加产品（附加价值）

◇ 附加产品 = 其他价值提议（有形）+ 其他价值提议（无形）

◇ 最小可售卖产品：为某一个特定客户群而设计的完整产品

"好的创业机会必须有特定的产品/服务"指需要有客户愿意为之付费的核心产品，同时要能形成一个完整产品，二者缺一不可。如果不能形成核心产品，则证明市场需求不够明确；如果不能形成完整产品，则代表形成完整产品的资源准备情况和其他条件尚未成熟。不能形成产品/服务的创业机会不是一个好的创业机会。

2.2.3 创业机会的分析与判断

在学习了创业机会的特征之后，可以按照一定的分析模式对创业机会进行系统性的分析与判断。下面是为寻找和分析创业机会而提出的五个问题（见图2-4）。

通过回答这五个问题，可以更深入地寻找及分析这次创业机会是否是一个好的创业机会，同时对创业本身有更加深入的思考。

创业机会及其特征（有一定持续性、具备窗口期/时机、对创业者有巨大吸引力、有特定的产品/服务）是我们的学习重点。此外我们还需要掌握机会窗口的判定方法。

对机会的深刻理解是创业者必须具备的能力。创业者需要理解机会的内在特征、判定方法，并能够找准机会窗口和产品/服务。

1. 我们有机会涉及的市场是:(谁是我们的目标客户)
2. 我们销售的是:(什么产品/服务?)
3. 这个机会对我们而言是非常具有吸引力,因为:(市场规模、行业、利润率……)
4. 我们相信这是一个持久的机会,这意味着:(……)
5. 我们觉得最佳时机/机会窗口是:(……),因为:(……)

图 2-4 寻找和分析创业机会的五个问题

2.3 寻找创业机会

寻找创业机会可以从多个方面入手。本书主要介绍三种寻找机会的切入角度：观察趋势、解决问题和寻找市场间隙/市场空白。

2.3.1 观察趋势

观察趋势主要是对 PEST 环境的分析以及环保发展趋势的分析，如图 2-5 所示。

PEST 环境分析是对政治、经济、社会和科技发展趋势的分析。政治趋势指国际环境变化、国内政策变化等；经济趋势指某国或某地区的经济发展预期；社会趋势指老龄化、少子化、晚婚化等社会变化趋势；科技趋势指某个领域科技发展的大方向等。环保发展趋势指环保政策及环保观念的变迁对营商环境的影响。

2.3.2 解决问题

在发现和解决问题中可以寻找合适的创业机会。寻找机会很多时候只涉及一个特定的问题及一种新的解决方法，创业机会就隐藏在这样的特定问题和新的解决方法中。通常，问题可以通过观察趋势，并通过直觉、意外发现或改变定位来解决。

在寻找需要解决的问题时，需要了解问题的宽窄和深浅。问题的宽窄和深浅分别对应了受众群体的多少和解决意愿的强弱，如图 2-6 所示。

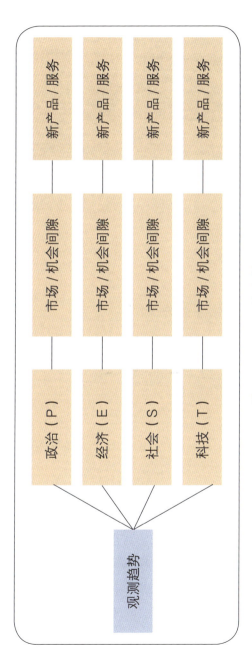

图 2-5 PEST 环境分析

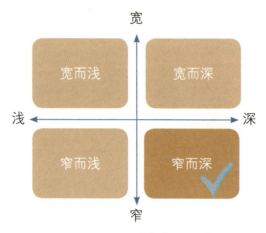

图 2-6 问题的宽窄和深浅

◇ 宽：很多人都有这样的问题。
◇ 窄：只有小部分人有这样的问题。
◇ 深：解决问题的意愿非常强烈。
◇ 浅：解决问题的意愿比较弱。

从创业机会的角度来看，创业者应该尽量选择窄而深的问题，这样通常可以获得比较好的创业机会。

2.3.3 寻找市场间隙 / 市场空白

市场间隙一般存在于所谓的利基市场。一部分特定的人群需要一种产品或服务，然而由于市场不够大，主流零售商、制造商、服务商没有兴趣开发特定产品或服务去满足一小部分人的需求。这样一个市场间隙就出现了。

创业者需要留心这些群体的需求。如果发现市场空隙，其中就可能蕴藏着不错的创业机会。

获取创业机会的主要方法是观察趋势、解决问题、寻找市场间隙/市场空白，观察趋势可以从 PEST 环境分析入手，而解决问题则需要重点理解问题的宽窄与深浅。创业者可以运用 PEST 环境分析并根据所解决问题的宽窄与深浅以及运用寻找市场间隙/市场空白的方式来寻找创业机会。

创新机会的来源及创业机会的考量点

创业者通常会通过创新的路径来寻求机会。创新机会有很多来源，可以通过这些来源来获得机会。此外，反向前推和去中介化是寻找创新机会时两个非常值得一试的方法。

2.4.1 彼得·德鲁克的"创新来源"

现代管理学之父彼得·德鲁克认为，任何使现有资源的财富创造潜力发生改变的行为，都可被称为创新。创新有七大来源：意料之外的事件或结果、不协调的现象、程序的需要、行业或市场机构的变化、人口结构的变化、认知的变化、新知识。

事实上，这些创新来源也是创业机会的来源。

发明和发现所带来/产生的新知识带来了很多的创业机会，比如移动支付。

意想不到的成功或失败会给创业者带来非常多关于机会的启迪。而意想不到的外部变化，我们在前面所说的"PEST 环境变化"就属于这一类。

此外，实际情况与人们的主观判断或通常认识不一致而产生的不协调的现象、流程需求（流程中存在"薄弱环节"或"缺失环节")、产业与市场结构的变化等都存在大量的创业机会。可以说创新来源就是创业机会的来源，这也从侧面印证了创新与创业具有同一性。

2.4.2 反向前推与去中介化（脱媒）

寻求创新机会有两种非常有效的方法：反向前推和去中介化（脱媒）。

1. 反向前推

在回看 15 年到 20 年之前的情景时，当时人们的一些做法看起来不够"聪明"，甚至有些"可笑"。这是因为现在的环境变化导致生活和工作方式产生巨大变化，新技术、新工具、新方法的出现使得过去一些效率不高的工具和做法被淘汰了。

反向前推是基于上述现象的一个重要方法。参照上述现象，可以从 15 年、20 年后的视角往现在看，看看当今有哪些做法是"可笑"的、低效的或是将被淘汰的。这样可以让我们的思路豁然开朗，获得关于创新与变化的深度思考，从而发现创新机会。

2. 去中介化（脱媒）

脱媒一般指在进行交易时跳过所有中间人而直接在供需双方间进行交易，即去中介化的交易方式。

消费者通过"价值链"和"供应链"购得商品。因为"链条"中各个环节都需要分配利润，因此无形中就提高了厂商的售卖成本和消费者的购买成本。作为创业者需要深度思考：为什么会有这些链条环节，这些环节是否可以直接跳过，跳过这些环节是否能够形成一种新的商业模式……

去中介化（脱媒）中蕴藏大量的创新机会。如戴尔公司在官网采用"订制+直销"的方式，利用互联网绕开了中间商，消费者直接从厂商获得商品。这成为戴尔公司迅速崛起为美国最大PC（Personal Computer，个人计算机）制造商的重要因素。

现在依然有太多生意是通过线下来进行的。依照去中介化（脱媒）的思路，我们可以通过SaaS这种互联网技术的创新软件应用模式，去除或减少链条中的环节，从而获得创新机会。

2.4.3 创业机会的五个考量点

对于创业机会来说，需要从以下五个方面进行考量：

◇ 第一个考量点是可扩展性/可复制性。创业机会是否可以扩展，是否具备可复制性是生意能否通过创业机会不断发展和扩张的关键因素。不能拓展、不具备可复制性的创业机会并非真正的创业机会。复制性高的生意有一个显著特点：在成本不增加或是少量增加的情况下，销售量可以获得大幅的增长，典型的例子如游戏、办公软件等的售卖。这里的成本包含固定成本（不随业务量变大而增加的成本，如房租）和可变成本（随着业务量变大而增加的成本，如增加进货量或增派人手）。

◇ 第二个考量点是资源需求，特别是人际网络。创业机会所要求的资源需求是否已经满足，特别是创业者的人脉是否足够应对创业的需求，是创业者把握创业机会的关键因素。

◇ 第三个考量点是资本要求。对于资本的需求是否能够满足，是创业机会需要考虑的条件之一。

◇ 第四个考量点是地域范围。创业机会所能触达的地域范围决定了创业的资源、资本的多少以及挑战的大小。

◇ 第五个考量点是创业者是否准备好迎接挑战。创业者面对创业机会时是否已经在身体、心理、资金储备、家庭关系等各方面做好了准备，这是一个需要慎重考量的问题。

创业最核心的一个问题是：你到底是做什么生意的？这个问题需要创业者通盘考虑。要回答诸如"如何找到细分市场""形成何种产品/服务""如何通过创业机会形成可行的商业模式"等关键问题，才能得到关于这个问题的真正答案。

创业者的特殊因素是我们需要关注的重点。这些因素有时能为创业者带来意想不到的独特优势。创业者的家世、特殊才能、行业经验等，甚至特殊的资源或朋友都能成为创业者的特殊因素，并使创业者能够更快更好地迈向成功。

德鲁克指明了创新机会的来源，而反向前推、去中介化（脱媒）是非常重要的寻找创新机会的方法。创业者可以运用反向前推与去中介化（脱媒）寻找创业机会，此外也需要通过学习创业机会的五个考量点对机会进行全盘考虑。

2.5 总结

本章我们了解了创业机会，认识了创业机会的特征。通过对创业机会特征的学习，我们了解了寻找创业机会的方式，并了解了创新机会的来源，以及创业机会的五个考量点。

总的来说，创新机会并不是一个想法，而是一个包含启动时机、业务开展范围、团队、资金、创业者个人能力等在内的全盘考量。创业者需要了解创新机会的来源、掌握寻找创业机会的方法，并对机会进行综合考量。

思考题

  a. 你知道创业想法与创业机会的区别吗？

  b. DLT（Distributed Ledger Technology，分布式账本技术）、区块链、元宇宙是创业机会吗？

  c. 如果有一天你拥有了治疗糖尿病的"方法"，请问这是创业机会吗？

  d. 为什么一个创业机会必须对创业者本人有极大的吸引力？

  e. 为什么成功的创业者，往往能看见一些我们看不到的创业机会？

  f. 创业机会总是留给有准备的人。那么我们又该怎样做好准备，使得创业机会到来时我们不会错过？

  g. 有没有看到你自身拥有的独特因素和资源，可以借此寻求一个创业机会？

第 3 章
建立经营理念

3.1 概述

在确认了创业机会之后,创业者需要进行一项非常重要的工作——建立经营理念。

对一个准备创业的人来说,他怎样才能知道这个创业机会是否可以成就一次成功的创业呢?这个问题在一定程度上等同于如何证明创业机会是可行的,只有这个创业机会可行才可以作为一门生意经营。用简单的话来说,创业者不妨问自己:创业机会成为一门生意是否可行?这次创业有可能成功吗?这个生意好不好做?……

需要指出的是,一个创业机会如果要成为一门可持续运营的生意,就必须具备一个经营上的概念或者理念。这是在构建真正的商业模式之前所必须要做的重要工作。

经营理念是创业者对创业深度思考的总结。实质上,它可以说是关于商业模式的一个框架性底稿。创业者在建立经营理念后,需要将它描述出来,形成一份经营理念说明书。经营理念说明书的重点是阐明初创企业的未来愿景、产品/服务说明、目标客户群体、

第 3 章　建立经营理念

市场定位、团队组建、核心财务数据等。

经营理念说明书是一个非常重要的沟通工具，创业者可以用它去与潜在的合作伙伴、天使投资人甚至自己的家人等一系列利益相关者进行高效沟通，让对方在最短的时间内获知整个创业项目的概貌、产品特点、发展前景等，从而获取对方的支持，为创业铺平道路。同样地，创业者也可以就经营理念说明书与创业导师进行讨论，从而获得宝贵的建议与意见。

经营理念是本章我们需要重点讨论的内容。作为一位创业者或学习创业的人，不能让经营理念停留在自己的头脑中，而是要形成一份经营理念说明书。这也是读者学完本章需要形成的产出成果。

一般而言创业者可以从六个方面来说明自己的经营理念，也就是说，一份经营理念说明书需要包含以下几个部分：

i. 所提供产品/服务的说明；

ii. 预期行业/目标市场说明；

iii. 产品/服务优势说明；

iv. 产品/服务市场定位说明；

v. 公司管理团队的简短描述/优势说明；

vi. 财务上的关键参数。

最后，把以上所有事项总结在一句经营宗旨之中。需要指出的是，经营理念说明书是一个非常精简的文稿（见图 3-1），一般来说内容不超过 2 页。

建立经营理念也是对创业机会的一次分析与提炼。它可以说是

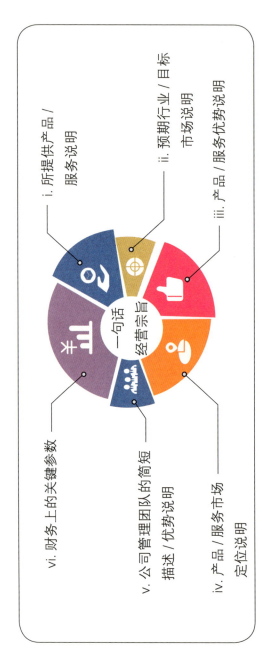

图 3-1 经营理念说明书的构成

对创业机会的一个初步评估，从而确认创业机会是否值得开展下一步工作——构建商业模式和编写商业计划书。

我们可以从产品/服务、行业/目标市场、组织可行性和财务分析中，得到支撑经营理念的基础。

产品/服务说明指对商业机会所形成的主要产品或服务进行分析，从而把握产品/服务是否能够成为一个良好商业模式的基石。产品/服务说明包含两个方面：一是评估和调查产品的合理性，即产品/服务与市场的匹配程度，或者说对于客户的基本吸引力；二是调查产品的购买意愿，即产品/服务的真实需求，可以通过消费者、专业机构和行业专家等多个方面进行调研。

行业/目标市场说明需要对创业机会所处的行业，以及创业机会对应的细分市场进行分析，其目的在于整体把握行业环境，同时分析所瞄准的目标市场是否准确（细分市场是该行业的有限部分）。借助波特五力模型，可以对行业整体进行多个维度的分析并得出初步结论。

组织可行性分析是对创业团队进行的分析，了解团队是否有足够的能力和人脉资源形成可行的商业模式。组织可行性分析主要关注团队的管理经验、组织能力和非财政性的资源（主要是关于人的资源）。

财务分析初步了解在财务方面是否能够保障企业建立并顺利开展经营活动。财务分析的内容主要包含初创期的总体现金需求、同类企业财务表现和整体财务上的吸引力三个方面。

产品/服务说明、行业/目标市场说明、组织可行性分析和财务分析四个方面将有助于整体把握商业机会，并形成相关的结论性说明。下面将对这四个方面进行详细阐述。

3.2 产品说明

在经营理念中,我们在对产品或服务进行探讨和阐述的时候,我们要确保这个产品或服务必须具备商业上的可行性。在创业阶段,可行即意味着合理,这是精准进行产品说明的关键所在。

产品说明是产品或服务对客户吸引力的一个整体评估。如果能确保该产品或服务是潜在客户想要的、能够支付的而且可以买到的,那么我们可以说产品/服务具备了真正的商业可行性。

◇ 产品/服务是潜在客户想要的,说明产品/服务具有顾客愿意为之付费的核心价值,也即客户接受了创业者所提出的价值提议,并通过购买产品/服务来完成这一笔交易。需要指出的是,价值是客户的一种感知,创业者只能提出价值的提议,并将产品/服务作为价值提议的载体。

◇ 客户能够支付,说明产品/服务的定价策略符合客户预期。

◇ 客户可以买到,则说明创业者能够搭建起将产品及产品信息传递给客户的渠道。这一点我们将在后面的章节中进行详细阐述。

产品/服务本身的商业可行性分析可以从产品/服务的合理性和购买意愿两个方面进行详细阐述。

3.2.1 合理性

评估产品/服务合理性的核心在于评估产品或服务对客户的基

本吸引力。评估可以从下面几个问题入手：

◇ 这项产品或服务是否具备不错的价值提议？这些价值提议是否明确？价值提议能在感知上对消费者造成冲击吗？

◇ 这项产品或服务本身有什么优势？它能为使用者和买家解决什么问题？

◇ 现在是否是一个好时机推出这项产品或服务？在哪个市场推出？

◇ 本产品或服务在根本的设计理念上是否有致命的短板或缺陷？（去北极地区卖电风扇就是具备典型的致命短板或缺陷的例子。）

产品或服务需要具备客户所渴求的价值提议：

◇ 如果能真正解决客户问题，那么产品或服务就具有存在的意义和合理性。

◇ 如果能让消费者感到兴奋，则证明产品或服务具备吸引力，能够让客户买单，也就是说客户愿意接受产品或服务的价值提议并为此付出金钱。

对于这几个问题，如果创业者可以得到积极、正面的确认结果，那么我们可以说产品/服务具备合理性。

3.2.2 购买意愿

产品/服务的购买意愿即市场对产品/服务有真实需求情况，可以通过对产品/服务的需求调研来确定。

产品/服务的需求调研可以通过三种方式开展：购买意向调查、专业机构/顾问咨询、行业专家咨询（见图3-2）。

购买意向调查指直接面向潜在消费者或客户的调查。在设计好需要征询意见的问题后，可以向潜在消费者或客户发放调查问卷，或组织有相同需求的消费者或客户开展焦点团体访谈。

专业机构/顾问咨询指向专业的市场调查机构或顾问进行咨询，获取专业的市场报告。

行业专家咨询指向本行业内经验丰富的专家进行咨询，从而对产品/服务的购买意愿有一个概貌性的了解。

以上三种方式各有其优点和缺点。购买意向调查直接面向潜在消费者或客户，其结果最具参考性，但可能会存在样本量过小和调查问题设计不专业导致结果失准的问题。专业机构/顾问咨询数据更精准，但费用对于创业者来说可能较为高昂。行业专家咨询依据个人对行业的深入了解和丰富经验而得出结论，可能会存在一定的主观性，而创业者获得的一个好处就是可以获得其他方面的直接指导和行业人脉。对于创业者而言，可以根据自身情况选择最适合自己的一种或几种方式。

3.3 产品优势说明

作为创业者，很多时候都需要对产品的主要优势做出阐述。产品/服务的优势指相对市场上竞争对手的同类产品/服务而言，本

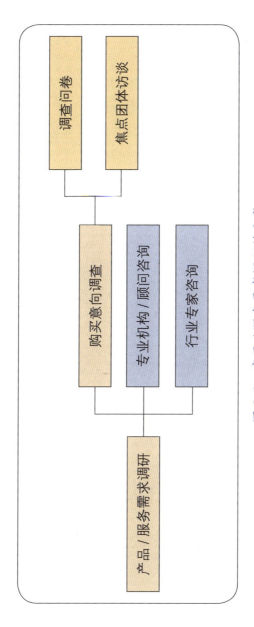

图 3-2 产品/服务需求调研的方式

产品/服务存在哪些优势。

在当前阶段，我们所说的都是核心产品。创业者需要明确到底想要做一个怎样的产品；如果这个产品真如创业者所宣称的那样是独一无二的，那么其优势到底体现在哪里。

产品优势是需要与市场上的同类或类似产品进行对比的。这种优势可能是产品的某种特别的、其他产品所不具备的属性，也可能是使其满足一个特定市场空间的主要因素等。

只有对这些问题进行深入思考和透彻分析，创业者才可以将产品优势清晰地表述出来。

3.4 产品定位说明

建立经营理念时，创业者并不需要做出一套营销计划，但是必须为其产品找准定位。

一种相对简单的思路，就是找到一个可以让产品打败竞争对手的定位。找到产品与竞争产品的区别至关重要。

如果一位创业者颇具信心地说自己的产品没有对手，这并不见得是一件好事，反而可能意味着这位创业者需要加倍小心。也许其产品确实没有对手，但可预见的是，产品一般是有替代品的，否则产品必然处在没人要的尴尬境地，也就是根本就不存在市场需求。这时在寻找产品定位时，其参考竞争对象就是这个替代品。

可以从对竞争产品的分析中找出可以争取的市场空间，比如大企业看不上的利基市场，或是被忽视的某个特定地域市场等。

3.5 目标市场说明

创业者需要寻找的是一个有吸引力的目标市场：这个市场的体量需要足够大，大到可以支撑起公司的业务，但又不能大到吸引行业内的大竞争对手进入。因此前期对行业和目标市场进行分析十分必要。这也是进行目标市场说明的必要前提。

创业者关键的思考包括：

◇ 你可能只有一个核心产品，但是你可以选择进入不同行业。那么，你应该选择哪一个行业呢？

◇ 如果不确定在哪个行业内经营，那么你如何才能找到合适的市场或是市场细分呢？

◇ 如果找不到市场细分，那么你如何能决定目标客户和设计完整产品呢？

◇ 另辟蹊径通常是一个可行的方法，比如新进入火锅行业的创业者，也许可以选择休闲娱乐场所作为切入点。

行业中有一组公司提供同类的产品/服务，而在目标市场中是行业中的部分公司针对该市场提供特定的同类产品/服务。因此，从这个角度来看，目标市场其实就是行业的有限部分（见图3-3），行业分析的方法也适用于目标市场的分析。但一般来说，评估目标市场的吸引力要比评估整个行业的吸引力要求更高，难度也更高。

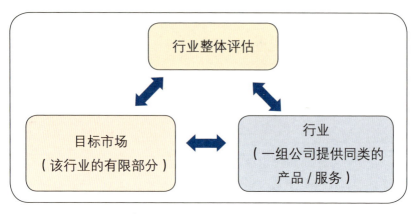

图 3-3 行业整体评估、行业、目标市场之间的关系

3.5.1 行业/目标市场分析的三个核心问题

对行业/目标市场进行分析时,需要了解三个核心问题。这三个问题直接关系到商业机会是否具有商业可行性。

第一个问题是:创业者有没有渠道进入这个行业?

渠道是一个根本性的问题,需要先考量。如果没有合适的渠道进入行业,那么这个商业机会从根本上就是不可行的。

第二个问题是:该行业是否存在市场间隙,让创业者可以通过创新来进入?

这个问题的实质在于确认本行业内是否可以存在某一个有着不足或缺陷的市场间隙,可以通过产品/服务、渠道等方面的创新加以解决,从而利用创新进入该行业或目标市场。

第三个问题是:你有没有办法去规避这个行业中本身所包含的属性、弱点、挑战?下面为创业者提供了一些新思路:

◇ 经营酒店需要高昂的固定成本，但如果做成"Airbnb"模式（联系有空闲房屋的本地人士并将空房租给游客）则无须自建或租赁场所和服务队伍。

◇ 经营出租车队需要有牌照和汽车，但"Uber"（网约车）则避开了取得牌照和购买汽车的开支。

◇ 经营火锅店，最好的服务不需要出众的厨艺，而是可以考虑提供娱乐休闲放松的场所。

第三个问题的实质在于行业内部是否有一个特别的定位，让创业者可以通过这个定位规避自身的一些弱点/短处，如启动资金少，技术力量薄弱等。

通过对这三个问题的解析，可以让创业者对行业/目标市场的吸引力有一个基本的认知，并为更深入的分析打下基础。

3.5.2 运用波特五力模型进行分析

波特五力模型是进行行业分析的重要工具，由迈克尔·波特（Michael Porter）于 20 世纪 80 年代初提出。在波特五力模型中，五种力量决定了行业竞争的强度，这五种力量综合起来影响着行业的吸引力。

这五种力量分别是行业内的竞争强度、新进入者的进入障碍、替代品的替代威胁、供应商（卖家）的议价能力与顾客（买家）的议价能力。

在进行行业/细分市场分析时，可以通过波特五力模型来评估行业/细分市场的吸引力。具体的影响因素见表 3-1。

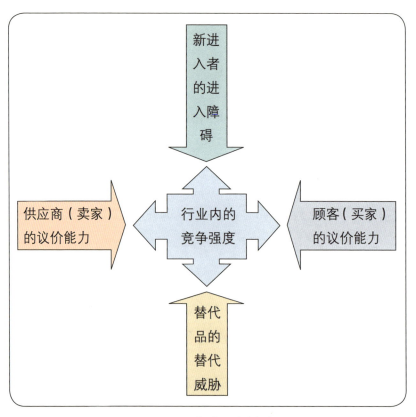

图 3-4 波特五力模型

表 3-1 波特五力模型的考量因素

序号	波特五力	决定因素
1	行业内的竞争强度	行业增长率 行业集中度 产品差异 商标知名度 转产成本
2	新进入者的进入障碍	规模经济 商标知名度 销售渠道 专利保护 政府政策
3	替代品的替代威胁	技术进步 性能价格比 转换成本
4	顾客（买家）的议价能力	买家集中度 买家数量 买方转换成本 买家信息 能够向后整合的替代产品 价格/总采购 产品差异 品牌识别 买家的利润

续表

序号	波特五力	决定因素
5	供应商（卖家）的议价能力	转换费用 供应商集中度 供应商的重要性 相对于总的购买成本 投入成本或分化的影响 前向一体化的威胁 替代品

3.6 团队优势说明

创业的基础不是创业机会，不是商业模式，而是团队。

创业团队是一个资源的问题，尤其是人力资源的问题，也是经营理念中的一个主要部分。

创业者在组建团队时会遇到一些挑战。创业者需要厘清自己有什么样的团队或者要建立怎样的一个团队，如何管理团队成员，你对团队成员的判断是否是正确的。

要明确团队优势，需要进行组织可行性分析。组织可行性分析通过对创业团队资源及能力进行分析，从而获得组织方面的商业可行性结论。组织可行性分析主要分析两个方面的内容：资源充足程度和管理团队的实力。

资源充足程度专注于非财政资源的考察，特别是与"人"有关的资源，包含团队中的人、关系和人际网络等。对于创业者来说，在组织方面必须有一定的资源才能开展创业，这方面的资源越充足,对创业活动的开展越有利。

对于资源充足程度,关键的思考包括:

◇ 你需要有一支怎样的团队?

◇ 团队成员从哪里招募?

◇ 你是否有能力领导一支这样的团队?

◇ 如果没有的话,你是否可以找到领导这样一支团队的成员?

管理团队的实力重点考察的是团队是否有足够的管理经验、组织能力和资源来成功启动业务。这是创业者在组织创业团队时需要着重考量的因素,也是推动创业的基础。在获取投资时,这也是投资人非常看中的方面。

团队就是一切,项目可以失败,但好的团队可以再来,商业模式也会过时,但好的团队依然可以卷土重来。

3.7 财务

财务分析是我们开展分析经营理念说明书的最后一部分,包含总体财务的吸引力、总初创现金需求、同类企业的财务业绩表现三个方面,如图3-5所示。

总体财务的吸引力是从总体上对财务进行评估,包含产品/服务毛利率预估、营收规模预估等。总初创现金需求指获得正向现金流之前创立和运营企业所需要的总现金额。同类企业的财务业绩表现考察的是同行业内与初创企业相类似企业的财务业绩表现。想获得财务关键参数一个最直接的方法就是:找到一家行业内的上市公司，把它的季度、年度报表拿出来看看，这样就可以获得想要参考的财务数据。

图 3-5　财务分析的内容

在创业未正式开启之前，创业者很难获取到精确的数据，因此只需要做初步财务评估就足够了。

3.8　经营宗旨

经营宗旨是能让人过目不忘的简短描述。它能简洁明了地传达这个项目 / 机会 / 商业 / 生意的核心。

这个简短描述可以变成这个创业项目的"门面"并有助于建立品牌，同时反过来也有助于确定品牌在市场中的定位。

创业者需要利用经营宗旨给人们尤其是消费者和投资人留下深刻的印象。经营宗旨旨在不提及产品或服务的情况下，告诉消费者和投资人整个公司的经营方向和重要价值。

对创业者而言，经营宗旨为什么会如此重要呢？

确立经营宗旨是创业过程中重要的一部分。一些创业项目是由它们的经营宗旨而被人们认可的，其在市场上的地位也受到经营宗旨的影响。

在商业社会中，经营宗旨通常只是一两个短语，其风格可以是清晰明了的，或是带有娱乐性的，或是对经营理念进行总结强调以突出创业团队的使命、目的或企业文化。经营宗旨可以让投资人和团队都感觉到自己与品牌的联系更加紧密。

在一些品牌的电视广告中，经营宗旨有时会重复多次出现。这样做可以让经营宗旨像标语一样进入消费者的脑海里并被深刻铭记。比如，一些流行的经营宗旨，可能会让消费者立即产生与该品牌相关联的联想。

创业者通过设计经营宗旨，可以让其他人知道自己到底是做什么生意的、有什么特点、市场前景如何等。总而言之，经营宗旨就是对整个经营理念的总结。

3.9 经营理念说明书例子

以下是一个典型的经营理念说明书的例子。在这个不足一页的说明书中，读者可以看到一个明确的、让人印象深刻的经营宗旨，以及对于产品/服务、目标市场、产品优势、管理团队和财务关键参数的清晰说明。拿到这个经营理念说明书的相关人士，可以很快地获知这个创业项目的概貌。

动手编写 SQL 语句的日子已成历史

产品或服务

◆ 产品是一套人工智能软件，名为"SQL 专家"。它可以代替人类和编程人员写出最好、最准确的 SQL 语句。SQL 语句是关系数据库的唯一语言。

行业或目标市场

◆ 全世界所有有数据库的企业、系统都需要 SQL 专家来优化它的数据库。因为世界上 99% 的数据都放在关系数据库上，所以只要你使用关系数据库数你就需要 SQL 专家。

产品或服务优势说明

◆ 好的编程人员能编写好的 SQL 语句令系统快速响应，优化数据库就是优化 SQL 语句。SQL 专家是当今世界上唯一一套可以完全取代人工编写 SQL 语句的软件。

公司的管理团队的简短描述 / 优势说明

◆ 陈建行：人工智能、关系数据库专家，计算机硕士，法学硕士，管理学博士；杜李察：物理学研究员，专注系统架构设计、算法研究。核心团队还包括 6 名精通不同编程语言的分析员和编程人员。

财务关键参数

◆ 软件企业复制能力强，毛利率为 90% 以上，固定资产投资低，主要成本为人员开发费用，营销费用一般控制在两成左右，纯利可以达到四成以上。

3.10 总结

本章我们了解了如何建立企业的经营理念，以及在建立经营理念过程中所进行的必要分析，同时对经营理念的主要内容、阐述和分析方法有了比较全面的了解。

通过学习，我们也初步掌握了正确阐述经营理念的方法，包含通过产品合理性分析和购买意愿分析来进行产品说明，通过行业/目标市场分析来阐述目标市场说明，了解了产品优势、产品定位、团队优势、财务关键参数以及对于经营宗旨的总结和阐述要点。

思考题

a. 在马来西亚做棉袄和羽绒服生意可行吗？

b. 在研究组织可行性的过程中，你认为最重要的因素是什么？

c. 你是做火锅生意的，请列出至少5个不同的你可以参与的行业并对此用波特五力模型作出分析。

d. 对于一个行业，如何最高效地找出相对准确的财务资料和参数？

e. 谁来决定你设计的商业模式是否可行，是你还是你的顾客？

f. 创业者最重要的工作是什么，是不是改革或改良初创公司的经营模式直至到它可行？

第 4 章
商业模式

4.1 概述

在对项目进行可行性分析并建立经营理念之后,创业者已经可以判断这是一个可做的生意。接下来创业者需要为这个生意的商业逻辑进行规划,也就是需要完成构建商业模式。

我们都知道,一次偶发的买卖行为并不等同于一个长期的生意。要成为一个长期的生意,这种买卖必须是可持续发展和不断拓展的。而支持这种买卖行为长期持续的核心,就是其背后有一套完整的商业逻辑——这种商业逻辑就是商业模式。

换言之,商业模式是一套用来阐明企业商业逻辑的概念化工具,它能够描绘企业是如何盈利、扩张及持续运转的。

理解商业模式有以下三个关键点:

◇ 商业模式是一个蕴含完整商业逻辑的模型,它能让创业者完成从售卖单一产品到获得可持续发展模式的转变。

◇ 这个商业逻辑本身（包含逻辑中的各个环节）是创新的重点。

◇ 商业模式不只是一个记录的工具，而是一个设计的工具。

在本章以下的内容里，有几个学习的重点：首先，我们需要理解商业模式是什么；其次，我们需要认识和掌握设计商业模式的关键工具——商业模式画布；最后，我们需要理解商业模式与创新的关系。本章最重要的学习内容就是学会利用商业模式画布来设计和记录商业模式。

4.2 商业模式

商业模式的概念最早在 20 世纪 50 年代就已经出现了，但直到 20 世纪 90 年代才开始被广泛使用和传播。

4.2.1 商业模式的概念

虽然目前商业模式并没有一个标准或权威的定义，但通过大量的案例分析，我们基本可以将它概述如下：

商业模式是一种包含了一系列要素及其关系的概念性工具，用以阐明某个特定实体的商业逻辑。它描述了公司如何提出价值提议，并将其通过产品/服务向客户传递和交付，从而让客户通过自我感知来确认整体产品的价值。

简单来说，商业模式是一种用来描述"企业如何向客户提供价值提议"和"企业如何持续盈利"的工具。需要指出的是，企业向客户提供的是价值提议，而非价值本身。价值是一种感知，只有客户自己才能够认知和获得。

商业模式会描述出企业为客户提供的价值，同时把企业实现这个价值并实现可持续盈利所需要的各个环节全部描述出来。这样，我们能够通盘了解企业可持续盈利的模式。

所以，商业模式是一种非常好的沟通工具，能够让创业者及创业的利益相关者很好地了解创业的整体情况和关键环节。

对于企业来说，经营模式是经营过程中可重复的、互相强化的关键环节和逻辑。因此，商业模式应当是可复制的并能够持续顺利运转的，否则商业模式就是不成立的。

4.2.2 商业模式的重要性

商业模式是创业者首先要清晰认知的基础性问题，同时也是一个需要深度思考的建设性问题，在创业过程中具有举足轻重的意义和作用。

商业模式的重要性在于以下五点：

◇ 让创业者深度了解创业项目及做好创业规划。对商业模式的探讨可以让创业者和团队对创业项目的资源状况、竞争环境、策略选择、目标客户、盈利方式、成本支出等有一个比较充分的认知，从而为创业规划的制订奠定基础。

◇ 进一步验证创业机会的可行性。商业模式可以作为可行性分析的持续扩展，而创业者和团队可以不断地追问所开展的"生意"是否有意义。如果能够在更多关键问题上得到正面和肯定的回答，那么可行性将得到进一步验证，同时商业模式也更具有说服力。

◇ 聚焦创业的关键问题。商业模式可以让创业者聚焦到"企业的所有成功元素是如何组合在一起的"这一关键问题上。这是衡量项目可行性和发展潜能的核心问题。

◇ 为商业计划做一个互相的引证。充分思考及构建商业模式，可以作为商业计划书的重要引证；同时商业计划书中的商业模式内容，同样可以作为商业模式的书面引证。

◇ 形成一个高效的沟通工具。一个明确清晰的商业模式，可以为所有的利益相关者，包括公司的员工、投资人等阐明公司创业运营的核心逻辑。无论是吸引投资、寻找合作伙伴还是获得认可，商业模式都可以作为一种非常高效的工具。

4.3 商业模式画布

商业模式画布（Business Model Canvas）是本章节学习的重点。

商业模式画布是亚历山大·奥斯特瓦德（Alexander Osterwalder）、伊夫·皮尼厄（Yves Pigneur）在《商业模式新生代》（*Business Model Generation*）中提出的一种用可视化的语言来描述、评估、构建和改变商业模式的通用语言。商业模式画布可以将商业模式中的各重要因素标准化，并强调各因素之间的相互联系和作用。运用商业模式画布，可以方便地描述和讨论商业模式。

4.3.1 商业模式画布的组成部分

商业模式画布由九个基本模块构成：价值主张、客户细分、客户关系、渠道通路、收入来源、关键业务、核心资源、重要伙伴和成本结构。

图 4-1 商业模式画布的构成部分

1. 价值主张

价值主张又称价值提议，是企业向客户提供，并希望客户接受的一项关于价值的主张或提议。

企业并不会给客户带来价值，因为价值是客户自身的一种感知或感受。企业向客户提供的是一项关于价值的主张或提议，并希望这项主张或提议被客户所接受。而企业彰显价值主张的载体，可以是产品、服务和其他的一切手段。

价值主张可以是产品的某种属性，但很多时候不单单是产品的属性。比如保险产品，能在客户发生事故时为客户提供理赔，这是产品的属性。但对于保险产品来说，它给客户提供的价值主张并非理赔这项产品属性，而是给客户带来的"安心"或"安全感"的感受。有的保险企业强调"24小时内提供理赔"或提供国有大型银行的担保，这就使得其带来的"安心"或"安全感"得到了强化，从而在市场竞争中进一步获得客户认同。而这项价值主张的变化，使得所对应的客户细分、实现价值主张所需要的行动、传播价值主张的路径等方面都发生了变化，也使得商业模式画布中其他各项发生变化。

> 🎁 **与价值主张相关的重要问题：**
>
> 我能为客户解决什么问题/带来什么样的价值主张？这种价值主张需要用什么样的产品或服务来体现和彰显？

2. 客户细分

客户细分即目标客户或目标市场，是某个客户群体的细分，而不是指客户本身。通常客户细分是一个行业或一个大市场中的一小块市场。

客户细分的重要性在于,价值主张就是为这一部分客户群体提供的。如果没有明确客户细分,就难以确认价值主张;同样地,如果没有提炼出精准的价值主张,就不会找到合适的客户细分。两者是相辅相成、密不可分的。

如果不知道客户细分,就不知道价值主张。要先找到客户细分,再来找价值主张。

同样的产品,价值主张可能是不同的,因为所面对的客户细分是不一样的。同样是红酒,市场上存在悠久历史的法国红酒和作为后起之秀的澳大利亚红酒,可能品质上相差无几,但其价值主张、给人带来的感受是不一样的,所面对的客户细分也是不同的。希望用在隆重宴会上的客户群体会选择品牌调性更高端的法国红酒,而选择澳大利亚红酒的客户群体则会把红酒用在一些较为普通的场合。

 与客户细分相关的重要问题:

谁是我真正的客户群体?如何才能找到和确定这一客户群体?

3. 客户关系

客户关系是企业希望和客户建立什么样的关系。企业与特定客户细分群体建立的关系类型可以是一对一的关系、一对多的关系,或是长期关系、短期关系等。与客户之间的关系可以同时有多种类型,比如可以既是一对一的关系,又是长期的关系。

与客户建立的关系直接关系到价值主张的传递，因此不同的客户关系也就决定了企业应从哪里建立渠道通路。

 与客户关系相关的重要问题：

我如何与客户打交道？我准备用什么方式服务客户？

4. 渠道通路

渠道通路指企业将价值主张传递给客户的通道。选择渠道通路最重要的决定因素在于客户关系。高档服装不会选择在大卖场售卖，而是在一个可以提供一对一服务、能给所针对的客户群体带来良好感受的专卖店售卖。同样地，平价服装也不会选择租金昂贵的地段和店面。

渠道通路的重要性在于，它在很多时候是企业盈利的唯一手段。如果选择了错误的渠道通路，不仅可能影响企业运营的成本，更有可能影响企业的盈利。

 与渠道通路相关的重要问题：

我如何传递价值主张给客户？我需要怎样让客户细分知道我的价值主张？

5. 收入来源

收入来源是企业获取收入的各类来源，即企业可以从哪里赚钱。在收入来源领域最经典的创新来自谷歌的搜索引擎。用户免费使用搜索引擎，谷歌则通过广告来获得收入。

由于免费，谷歌的用户数量极大增加，而用户数量的增加反过来带来了广告收入的极大增长。

 与收入来源相关的重要问题：

我能从哪些方面获得收入？ H7、

6. 关键业务

关键业务指企业将价值主张传递给客户细分所必须做的最关键、最重要的事情。

比如对于一个具有国际影响力的知名网球拍品牌来说，它的关键业务<u>是寻找代言人</u>，并将"明星使用的专业网球拍"这一价值主张传递给客户。而网球拍的生产、运输乃至于销售都是<u>其重要业务</u>，<u>而不是关键业务</u>。

 与关键业务相关的重要问题：

我需要实施哪些业务流程才能将价值主张传达给客户或用户？其中哪些业务流程是必不可少的？

7. 核心资源

核心资源是企业完成关键业务所必须具备的资源。企业需要哪种核心资源取决于完成关键业务、把价值主张传递给客户的需求。

核心资源包含完成关键业务所需的资金、人才等可用资源，这是让商业模式有效运转所必需的重要因素。

与核心资源相关的重要问题：

完成关键业务前需要哪些资源的支持？我拥有哪些其他竞争者所不具备的核心资源优势？

8. 重要伙伴

很少有企业可以拥有所有的核心资源并独立完成所有的关键业务。因此，企业通常需要寻找合作伙伴来提供核心资源以完成关键业务。这些能提供核心资源的合作伙伴便是重要伙伴。

 与重要伙伴相关的重要问题：

我需要哪些业务合作伙伴？我能给合作伙伴带来什么好处？

9. 成本结构

成本结构并不是成本本身，它是成本的经济学，指成本的构成，包含每一项成本的分析与比重。

在成本结构上进行创新的案例有很多。比如传统酒店行业需要租赁房屋，然后再将房屋提供给客户，租金在其成本结构中占比很大。而 Airbnb 则采用了一种全新的成本结构，它不再租赁房屋，而是与房屋持有者签订合约，让房屋持有者提供短租服务。这样 Airbnb 虽然提供了与酒店类似的服务，但在它的成本结构中却已经没有了租金这一块。

> 📄 **与成本结构相关的重要问题：**
>
> 我需要支付哪些成本和费用？

4.3.2 商业模式画布的布局与各部分关系

企业的根本目标在于盈利。盈利就是收入减去成本。整个商业模式画布的布局基于"运行商业模式使企业获利"这一基本逻辑。

在图4-2中，我们可以看到一个用商业模式画布进行商业模式设计的典型流程。需要指出的是，这仅是商业模式设计的一个较为典型的例子。商业模式设计的出发点和路径是千变万化的，可以从商业模式画布中的任何一个点启动设计。

在图4-2的流程中，商业模式设计的第一项是价值主张。价值主张位于画布的中间，是设计一个商业模式时创业者必须考虑清楚的核心要点之一。

价值主张提出后，创业者围绕价值主张，将产品或服务等提供给客户。客户会感知其价值主张，进而决定接受与否。

商业模式设计的第二项是客户细分。客户细分与价值主张实际上是一一对应、相伴相生的。创业者提出的价值主张必然针对某个客户细分，而客户细分需要的价值主张也是一个相对应的"固定值"。因此，提出价值主张之后，必然就会涉及相应的客户细分。

图4-2的例子是从提出价值主张开始设计商业模式，进而确定客户细分，反过来寻找客户细分后再确定价值主张也是可行的方法。从价值主张开始还是从客户细分开始是一个商业上的决定，也是一个商业上的判断。唯一需要注意的是二者是同时产生、互为轩

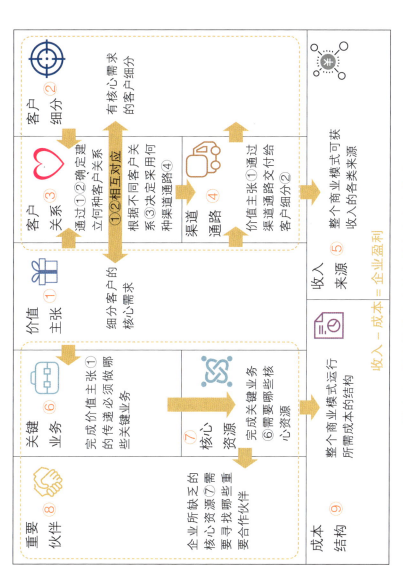

图 4-2 商业模式画布的布局与各部分关系

轻的。

　　价值主张、客户细分确定后，创业者下一步需要认真思考与客户的关系是什么。这是一个很重要的问题，因为与客户建立何种关系，就决定了用何种渠道把价值主张传递给客户。第三项是客户关系，比如，与客户形成一对一的关系，就形成了一个长期的稳定关系——客户就像是我永远的朋友。举个例子，从表面上看，麦当劳是一对多的关系，即同一时间服务多个客户，但实际上，这是一个错误的观点。当小朋友进入麦当劳，他便可能获得麦当劳提供的玩具。其实这位小客户从那时起就建立了与麦当劳的客户关系，这是一种一对一的关系，因为小朋友和麦当劳已经成了一生的朋友。

　　确定客户关系之后，第四项——建立渠道通路，也就顺理成章了，因为渠道通路的作用已经决定了它和价值主张、客户细分及客户关系密不可分。首先客户细分需要通过渠道通路了解价值主张，其次企业需要通过渠道通路将价值主张传递给客户，最后客户可以通过渠道通路对产品服务进行反馈。

　　这样我们已经设计完成了价值主张、客户细分、客户关系、渠道通路这四大项目。这四项的重要性体现在，企业的收入来源完全来自它们。不同的价值主张会直接影响企业的收入来源，同样地，客户细分、客户关系、渠道通路也是收入来源的重要影响因素和组成部分。举一个例子，一家保险公司，其产品都是通过银行售卖，其渠道通路就是银行，这也决定了这家保险公司的收入从何而来。

　　因此，当前四项确定之后，第五项即收入来源也随之确定——到此，商业模式画布的右半部分已经完成。这右半部分是与收入相关的。

　　接下来我们需要对商业模式画布的左半部分——与成本相关的

部分进行设计。我们需要关注的并非成本本身，而是成本的结构。

那么，如何了解一个项目成本结构方面的优势呢？我们可以首先关注关键业务，这是第六项。需要指出的是，关键业务并非重要业务。比如，各大品牌的运动鞋，如安踏、李宁、耐克等，它们的重要业务是制造出新潮且舒适的鞋，但这不是它们的关键业务，它们的关键业务就是找到运动明星做代言，以及做一系列的公关与广告活动，从而建立其在某个运动领域的优势品牌地位。再举一个我们提到过的例子——麦当劳。麦当劳在美国的关键业务是为小朋友提供玩具、培养小朋友对麦当劳的亲切感，让他们牢牢记住麦当劳就是他们的"叔叔"，就像他们的家人一样。

在商业模式画布中只提出价值主张是远远不够的。创业者要成功地提出价值主张，然后有效地传递给客户，这才是关键业务。如何高效地完成关键业务呢？这就牵涉第七项——核心资源。创业者要考虑需要哪种核心资源才能完成关键业务。举例来说，一家人工智能公司，其关键业务就是研究人工智能的算法，那么，一个技术过硬的团队就是不可或缺的核心资源。

在很多时候，创业者本身并不具备开展关键业务所需的核心资源。这时，创业者可以寻找具备这些核心资源的合作伙伴，即商业模式设计的第八项——重要伙伴。比如上文提到的人工智能公司，可以和业内知名的技术人才或团队合作，从而获取这项核心资源。

商业模式画布左半部分（关键业务、核心资源、重要伙伴）的重要性在于它们直接影响了第九项——成本结构。比如，创业者要经营一家酒店，关键业务显然是建酒店、管理公司、开展员工培训等，这些都需要巨额资金支持，需要找到能提供这些支持的合作伙伴。对创业者的整个生意来说，这其实是一个成本经济学问题。

在成本经济学中来看成本结构，最简单的方法就是区分固定成本与非固定成本。固定成本占比高，当业务规模很大时固定成本支出也会很高，这样的生意就不是很好做了。<u>削减固定成本是一条可行的路径</u>，如 Airbnb 的创新就是利用本地人的闲置房屋作为酒店房源，从而很好地规避了传统酒店的巨大固定成本。

最后，在整个商业模式画布中，用收入减去成本，即可得到企业的盈利。

至此，我们通过商业模式画布进行商业模式设计的工作就已经初步告一段落。这只是一种典型的设计方法。通过商业模式画布进行商业模式设计并没有特定的起点和路径。我们完全可以不从价值主张出发，而从商业模式画布中的其他格子（比如成本结构或重要伙伴，可以由创业者所具备的优势或项目的特点来确定）出发来进行设计，其路径可以是千变万化的。我们需要因地制宜，灵活运用。通过商业模式画布进行商业模式设计是提升创业者商业敏锐度的有效方法。

如果创业者在商业模式画布的"九宫格"里没有任何一项优势，那么他应该问一问自己，是否存在一个好的创业机会或是好的生意。我们只有先确定这一点，才可以继续往下开展创业工作，比如将核心产品加上附加产品，形成一个完整的产品。

从上述商业模式设计的例子中，我们可以看到商业模式画布各个部分之间的关系。

◇ 价值主张与客户细分相互对应，价值主张正是为特定的客户细分所提供的。企业可以从价值主张出发寻找特定的客户细分，同样也可以由客户细分出发找到对应的价值主张。这两者是设计商业模式的起点。

◇ 明确价值主张和客户细分后，企业应该思考与客户建立何种关系。

◇ 客户关系决定了应该建立何种渠道通路，以便将价值主张传递给客户细分。

◇ 进行价值主张的传递需要一些关键的行动，即关键业务。

◇ 执行关键业务需要的资源即核心资源。

◇ 企业缺少的核心资源需要找到重要伙伴来提供，从而完成价值主张传递的关键业务。

◇ 在整个商业模式中，企业需要厘清所有的收入来源，同时考量成本的结构。

举一个典型的例子，比如开一家火锅店，其价值主张是"让客人获得轻松愉悦的休闲感受"，其产品和服务都需承载这一价值主张。由价值主张可以去寻找火锅店的客户细分——追求休闲生活的年轻人和家庭客户。

企业需要建立起一种客户关系，如说服客户成为会员，建立一对一的服务关系。确定客户关系之后，企业需要找到精准的渠道通路，比如通过广告将价值主张传递给客户细分，并且让来就餐的客人获得放松、愉悦的用餐感受。

企业需要找到传递这种价值主张所需要的最关键的因素，即关键业务。这种关键业务可能是无微不至的服务，或是成为一个可以在朋友圈发图展现生活态度的环境陈设等。企业需要获取完成关键业务需要的资源，并从所缺乏的资源出发找到自己的重要合作伙伴，最终完成价值主张传递的整个商业模式闭环。

企业还需要分析收入来源以及成本的结构，从而对盈利情况有一个清晰的预期。这样，通过商业模式画布就完成了一个完整的火锅店商业模式的构建。

4.3.3 商业模式画布的运用

商业模式画布可以运用到很多方面。它能够完整描述出企业的商业模式并成为一种很好的认知及沟通工具。

商业模式画布可以让创业者和团队快速、完整、深入地掌握整个创业项目的情况，从而确定商业模式的各个方面是否已经就绪。这使得商业模式画布成为一种非常高效的信息归集和情况分析的工具——不管是优势还是劣势，都会一目了然。

商业模式画布有助于创业者判断整体上的一致性，从而让创业回到正确的方向上来。比如，资源及合作伙伴是否能与关键业务相对应，渠道通路是否与客户细分相匹配等。

此外，商业模式画布还是一种高效的内外部沟通工具。创业团队内部通过商业模式画布可以清晰地看到商业模式的各个细节，并有助于发现和消除分歧。商业模式画布也会使创业者在与创业导师、顾问、潜在合作伙伴和投资人沟通商业模式构想时更加清晰、明了、直观。

如果创业者能够通过商业模式画布做到对商业模式了然于胸，也就证明他对整个创业的理解已经到位了。这也会对商业计划书的撰写产生极大助力。

4.4 商业模式中的创新

发明可以是创新，但创新不等于发明。创新是创业者设计商业模式的关键。商业模式的创新不是指发明或技术改进，而是在商业模式各个环节中的创新，这些创新可以体现在商业模式画布的九个部分。企业的任何一项创新，如果没有反映在商业模式画布的九个组成部分里，并带来新的竞争优势，那就很难被称为创新。

◇ 价值主张的创新意味着发现了新的特定需求，获得新的细分客户，为创业赢得发展的空间。

◇ 渠道通路的创新可以带来新的传递方式，从而为企业赢得一定的竞争优势。

◇ 客户关系的创新带来了新的关联模式，如互联网和移动互联网对企业与客户都产生了重大影响，推动了企业的数字化转型，产生了很多新型的客户关系。

◇ 关键业务的创新需要引入新的合作伙伴，或者需要新的资源支持，这些创新改变了企业的很多运作方式。

◇ 收入来源可以因创新增多，而成本结构也会因创新减少，这些都可以为企业带来竞争上的优势。

【小练习】

看看360杀毒软件的商业模式。对比传统的杀毒软件，360杀毒软件在价值主张、客户关系、渠道通路方面有什么创新之处？

在360杀毒软件出现之前，杀毒软件行业看上去是一个很成熟的行业。杀毒软件一直都是"一手交钱一手交货"的交易，在互联网时代显得有些"特立独行"。

当时有瑞星、金山、卡巴斯基等多个杀毒软件制造商，它们都是靠卖软件赚钱，只是在价格的高低上进行博弈。

但是360杀毒软件改变了既定规则。它先是把杀毒软件的价格从一年几百元降到一年几十元，2009年以后甚至实行永久免费了。

360杀毒软件成功的原因除了永久免费，更重要的是360杀毒软件把产品性能指标做得比其他国产收费杀毒软件更好。在国际权威的VB100%评测中，360杀毒软件的表现非常出色，名列国产杀毒软件的第一名，成为唯一可以达到国际水准的国产杀毒软件。国际品质加上永久免费，成了用户选择360杀毒软件的最重要的原因。

除了免费，360杀毒软件也在开展一系列的行动。从第二版开始，它的软件界面大大简化，只有快速扫描、全盘扫描、指定位置扫描三大按钮，用户不需要去面对让人头痛的专业杀毒界面。后来，360杀毒软件的产品定位更是从单纯的杀毒逐步演变为电脑的安全卫士，给不懂电脑也不太想学电脑的用户提供了便利。这类用户在计算机使用者中占了大部分。这些举措为360杀毒软件赢得了越来越多的用户。

与靠卖软件盈利的传统杀毒企业相比，360杀毒软件提供免费的盈利模式是具有颠覆性的。这种互联网公司的理念，用基础的、免费的产品占据市场，然后再对一部分有增值服务需要的用户收费，或者通过对庞大的用户群体推送广告获得收益。

在360杀毒软件的新商业模式下，其他收费杀毒软件几乎没有了生存空间，最终360杀毒软件在国内杀毒软件中占据了最大的市场份额。

 总结

商业模式是整个创业活动中最具挑战性同时也是最核心的问题。本章阐述商业模式的概念、构成和重要性，并着重阐述通过商业模式画布来构建商业模式的方法。

本章我们阐述了商业模式，使读者对商业模式的概念及其重要性有了一个比较全面的了解。通过学习，我们初步掌握了商业模式画布这一重要的设计工具。通过对商业模式组成部分及其关系的深入解析，更好地理解和运用这一工具，并将其应用到相应的场景中，如创业团队内部讨论、创业导师/潜在合作伙伴/投资人沟通等。同时，我们也认识到创新是创业者设计商业模式的关键，理解了创新给商业模式各环节带来的改变及为企业带来的竞争优势。

商业模式是创业活动最核心的工作，是对创业机会评估的进一步延伸，能够为商业计划书的撰写打下坚实的基础。

思考题

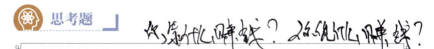

a. 价值主张是什么？你的产品或服务从本质上可以为客户带来价值主张吗？

b. "一项产品或是服务是价值提议的载体"，我们如何理解这句话？

c. 没有商业模式的创业是什么？这样可以创业吗？

d. 用四个字来表达商业模式的含义。

e. 产品创新和商业模式创新的最大区别在哪里？

f. 商业模式的设计重心放在顾客上。是否应由顾客来决定你的商业模式是否可行?

g. 你是否真的理解你所在公司的商业模式?

第 5 章 商业计划书

5.1 概述

商业计划书是一份用来描述商业计划的书面说明。

在构建出一套商业模式后,可以在此基础上形成商业计划书。而商业计划书能够反过来验证商业模式是否可以实现,见图 5-1。

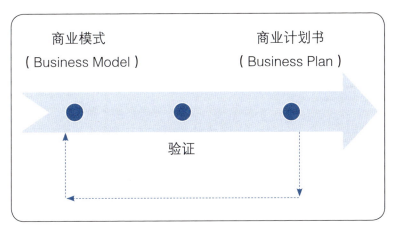

图 5-1 商业计划书与商业模式

对于大多数新创立的企业，商业计划书在企业内部和外部都有着重要的作用。

在企业内部，商业计划书在团队构建、战略规划、<u>营运策划</u>等方面有着很强的指导和规划作用。它可以将领导者的想法具体化，从而为企业指明目标，帮助企业将精力和管理聚焦在既定的目标上。

在企业外部，商业计划书可以作为一种媒介，在企业初步创立或扩张时期吸引融资，获取客户及合作伙伴的信任并促成交易或促成合作，同时在面对政府的审查时表现合规。

商业计划书可以分为多种类型，包含商业计划概要、运营商业计划、融资商业计划等。

商业计划书在撰写时需要遵循一定的要点，并按照一定的框架结构进行编写。一种常用的商业计划书写作框架如下：

◇ 封面（包含项目标题、联系方法、保密要求等）；

◇ 保密协议；

◇ 目录；

◇ 第1部分：执行概要；

◇ 第2部分：公司介绍；

◇ 第3部分：公司架构和管理团队；

◇ 第4部分：行业分析；

◇ 第5部分：市场分析；

◇ 第6部分：营销计划；

◇ 第 7 部分：研发计划；

◇ 第 8 部分：营运计划；

◇ 第 9 部分：财务预测与"假设"；

◇ 第 10 部分：公司效益分析与"假设"；

◇ 第 11 部分：总体进度规划与"预测"；

◇ 第 12 部分：募集资金使用情况和退出计划；

◇ 第 13 部分：附录（如有）。

商业计划书可以通过 12—15 分钟的会议演示文稿向投资人展示，同时还需要准备一个 2—3 分钟的电梯简报，以便简明扼要地快速阐述商业计划并获得对方认同。

5.2 商业计划书的概念、作用与分类

5.2.1 商业计划书的概念

通常而言，商业计划书是一份 25—35 页的书面说明，用来描述一个要完成的新商业计划。商业计划书由文字叙述和财务报表组成，是商业模式执行落地的文本性材料。文字叙述部分是商业计划的主体，它被分成几个部分。

商业计划书将所有商业模式执行所需要考量的细节进行阐述。在撰写商业计划书过程中需要反过来验证商业模式是否可以实现。

商业计划书最重要的价值不是展示以赢得信任（包含投资人、客户、合作伙伴、政府等的信任），而是提供一个通过系统研究和

思考来开展业务的机会。撰写和讨论商业计划书的过程，能帮助创业者全面深入地思考，对不确定的事情进行研究，客观地审视自己的想法。

思考和撰写商业计划书是一件必要的工作。花在商业计划书上的时间是值得的，因为这可以规避以后在创业道路上犯下代价更高的甚至是灾难性的错误。同时，它能够验证创业者是否具备把握整个生意的能力。如果不能完成商业计划书的撰写，那么创业者很可能没有具备完全把握整个生意的能力。

5.2.2 商业模式的作用

对于大多数新创立的企业，商业计划书在企业内部和外部都有着重要的作用。

在企业内部，商业计划书可以将领导者的想法具体化，从而为企业指明目标，帮助企业将精力和管理聚焦在既定的目标上。在企业外部，商业计划书可以作为一种媒介，在企业初步创立或扩张时期吸引融资、促成合作等。商业计划书可以让合作伙伴更好地理解企业，包含产品蓝图的商业计划书是合作的基础之一。

具体来说，商业计划书对内可以从团队构建、战略规划、营运策划等方面帮助创业者进行深度思考，以及开展有效的筹划；商业计划书对外可以向投资人/银行进行融资，或是向客户/合作伙伴说明并促成交易/合作，以及在政府审查时发挥重要的作用（见图5-2）。

5.2.3 商业计划书的分类

商业计划书可以分为商业计划概要、运营商业计划、融资商业计划等不同类型。

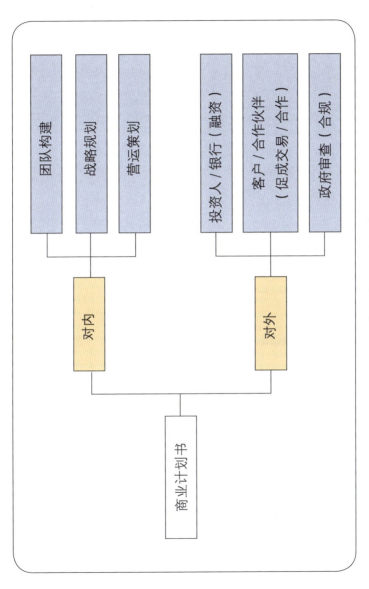

图 5-2 商业计划书的用途

◇ 商业计划概要——商业计划概要通常为 10—15 页，用于在新创立企业发展初期试探投资人对商业计划是否感兴趣。

◇ 运营商业计划——运营商业计划通常为 40—100 页，视企业规模及业务复杂度而定，主要提供给内部员工，可以作为一个有效的工具来为新成立的企业描绘蓝图，并为各业务线负责人提供指南。

◇ 融资商业计划——完整的融资商业计划通常为 25—35 页，适用于需要资金或融资的初创企业以及需要具体描绘经营蓝图的企业。

5.3 商业计划书的写作要点

商业计划书在撰写过程中需要遵循一些基本的原则，并达到相应的目标。这些原则和目标包含框架结构、关键点、重要信息展现、篇幅长短等。

5.3.1 使用常规性的框架结构

为了留下一个好印象，商业计划书应该使用一个常规性的框架结构。虽然一些公司想要展示它们的创意，但是脱离传统的商业计划书的基本框架通常是不可行的。一个常用的框架结构能够让忙碌的投资人轻松地找到商业计划书的关键信息。

5.3.2 传递期待与兴奋感

好的商业计划书需要给人传递一种兴奋的感觉。在事实和数字之外，商业计划书还应该传达出对这个企业所带来商机的一种期待和兴奋感。这在打动投资人获取融资时尤为重要。

5.3.3 简明清晰

商业计划书应该简明清晰地展现被推荐公司的所有重要信息。

5.3.4 篇幅长短适中

商业计划书必须长短适中，既能提供充足的信息又能抓住阅读者的兴趣。对于大多数商业计划书来说，25—35页已经足够了。

商业计划书的框架及各部分关键要点

这里推荐的商业计划书是适用于许多类型的通用模型。对创业者而言，可能需要做适当调整来适应一些特定的情况。

在介绍框架之前，需要了解写作顺序和写作重点。最核心的写作顺序是商业计划书全部完成后再编写执行概要，而重点是说清楚创业机会是什么、为什么这是个好创业机会、团队成员基本情况、为什么团队可以执行、筹资金额、股权出让份额等问题。在专业程度上，商业计划书要达到发表的标准，这显示了创业者的综合水平和思考深度。

5.4.1 执行概要

执行摘要是整个商业计划的简要概述，是商业计划书中最重要的部分。它为阅读者提供了一个快速了解新公司独特之处的通道。就篇幅而言，一个执行概要不应该超过双倍行距的1—2页纸。

> 【关键要点】
>
> 执行概要不是商业计划书的总结,而是一个打动合作伙伴或者投资人往下看商业计划书的敲门砖。在多数情况下,一个投资人会要求提供一份企业的执行概要。只有当这个执行概要具有足够的说服力的时候,投资人才会要一份完整的商业计划书。因此执行概要毋庸置疑是商业计划书中最重要的部分。编写时需要谨记,只有在完成整个商业计划书的撰写后才可以编写执行概要。

5.4.2 公司介绍

公司介绍部分需要对公司进行一般性的介绍,包含以下内容:

◇ 公司简介;

◇ 商业模式;

◇ 产品和服务概要;

◇ 公司历史;

◇ 公司使命;

◇ 公司现状;

◇ 公司法人;

◇ 关键合作伙伴(如有)。

【关键要点】

虽然看起来公司介绍是一种"常规性"的介绍，似乎没有其他部分重要，但其实这一部分也相当重要。公司介绍将传达给阅读商业计划书的人一个非常重要的信息——创业者知道如何把一个想法转变成一个商机。

5.4.3 公司架构和管理团队

新成立的公司的管理团队通常由创办人和一些管理人员组成。这部分通常包括：管理团队、董事会、顾问委员会和公司的组织架构。

【关键要点】

这是商业计划书的关键部分。许多投资人和其他阅读商业计划书的人在读完执行概要后会直接读管理团队部分，从而评估公司创办人的实力。

5.4.4 行业分析

行业分析部分通常从企业将要进入的行业的规模，增长率和销量预测开始叙述。这部分应包括以下内容：

◇ 行业规模、增长率、销量预测；

◇ 产业结构；

◇ 参与者的特点；

◇ 成功的关键要素；

◇ 行业趋势；

◇ 长期前景。

【关键要点】

企业在选择目标市场之前应该对所在行业有一个很好的把握，包括这个行业有前景的部分和薄弱的部分。公司所参与的行业很大程度决定了这个公司所处的竞争环境。

5.4.5 市场分析

市场分析指企业对尝试进入的市场领域进行分析。它将行业进一步细分，或者寻找某一特定的细分市场的空白领域。

这部分包含如下内容：

◇ 市场细分和目标市场的选择；

◇ 消费者行为分析；

◇ 竞争者分析。

【关键要点】

大多数新创立的企业并不服务于整个行业。相反，它们集中服务于行业内某个特定的目标市场。市场分析中的消费者行为部分是非常重要的。新创立的公司越了解目标市场的消费者，就越能精准定位它的产品或服务。

5.4.6　营销计划

营销计划重点在于如何推广和销售自己的产品或服务。这部分包括以下内容：

◇ 整体营销策略；

◇ 产品价格、促销组合和分销策略；

◇ 销售流程（或周期）；

◇ 销售策略。

【关键要点】

描述新创立企业的营销计划的最好方式是通过阐明它的营销策略、定位以及与竞争对手的差异，解释这些方面是如何通过产品价格、促销组合和分销策略来实现的。

5.4.7 研发计划

如果企业正在研发一种全新的产品或服务，那么就需要在商业计划书中着重讲述研发成果的现状。研发计划部分包括以下内容：

◇ 研发阶段和研发任务；

◇ 挑战和风险；

◇ 预计研发成本；

◇ 知识产权问题（包含专利、商标、著作权、集成电路布图设计等）。

【关键要点】

一些人断言新创立企业无法取得进展的原因是它们的产品在研发过程中停滞不前或实际的产品/服务研发比想象中的要更加困难。因此，这个部分对于研发全新产品或服务的企业尤其重要。

在研发计划中需要着重指出的是知识产权。

任何人类智慧的产物都是无形的，但在市场上是有重要价值的。这就是知识产权，它是人类想象力、创造力和创新力的产物。

知识产权包含专利、商标、版权、商业秘密等。一些初创企业认为有形资产最重要，如土地、建筑和设备等，然而，随着企业壮大，企业将会渐渐意识到智力资产才是最重要的。以下展示没有认识到知识产权的重要性的表现：

◇ 没有正确识别企业所有的知识产权；

◇ 没有充分意识到企业的知识产权的价值；

◇ 没有合法地保护企业需要保护的知识产权；

◇ 没有将企业的知识产权作为总体规划的一部分。

5.4.8　营运计划

营运计划概述企业将如何运营产品或服务以及如何生产。一种有效阐释企业如何运营的方法是以"后台办公"（顾客不可见）和"前台办公"（顾客可见）的形式来描述活动内容。

营运计划部分包括以下内容：

◇ 运作的常规方法；

◇ 企业选址；

◇ 工厂和设备。

【关键要点】

这一部分需要谨慎权衡，适度叙述而非赘述。让这个部分内容保持简洁明了是一个比较明智的做法。

5.4.9 财务预测与"假设"

商业计划书的财务预测部分展示了公司预估的(或预期的)财务分析。这部分包括以下内容:

◇ 资金的来源和使用情况;

◇ 假设条件;

◇ 预期的损益表;

◇ 预期的资产负债表;

◇ 预期的现金流量表;

◇ 比率分析。

> 【关键要点】
>
> 　　完成了商业计划书前面的部分,就很容易理解为什么财务分析要放在靠后的位置。财务分析展示了所完成的计划并用财务指标呈现。
> 　　形成财务预测需要做一份"假设清单",从而让财务预测更加可信。

5.4.10 公司效益分析与"假设"

公司效益分析部分展示了公司预估的(或预期的)效益情况。这部分包括以下内容:

◇ 销售额；

◇ 固定资产折旧；

◇ 其他不可预见的支出或收益；

◇ 预计效益。

以表格形式列出假设的原因，这是投资人评估新创立企业的重要根据之一。

【关键要点】

效益是对企业经营指标的呈现。同样地，效益分析需要做出一份"假设清单"，设想更多情况，使效益分析更加可信。

5.4.11 总体进度规划与"预测"

时间进度表应该展示创办公司所涉及的重要事件。

时间进度表应按照关乎企业成败的里程碑事件的格式进行罗列。里程碑事件包含以下内容：

◇ 风险整合；

◇ 初具雏形；

◇ 租赁设施；

◇ 获得关键融资；

◇ 开始生产；

◇ 获得第一笔生意。

【关键要点】

一份精心准备的时间进度表对投资人有相当大的说服力，因为它说明这个管理团队清楚地知道在推进的过程中需要做什么，并且规划好了如何做才能达到目标。

5.4.12 募集资金使用情况和退出计划

这部分需要展现募集资金的用途和退出计划，包含公司估值等内容。

【关键要点】

这是投资人会关注的内容。投资人需要了解创业者在哪些项目需要资金，需要多少资金，项目估值是多少，如何使用投资人的资金，投资人在什么时间、以什么方式得到什么样的回报，退出计划（回报）是怎样的等一系列重要问题。

5.4.13 附录(如有)

如果有附录,则可以添加。附录是商业计划书必要的补充部分,通常包含技术信息、分支机构、生产信息等。

> 【关键要点】
>
> 不需要把所有东西都放入附录,只需要加入能够真正增强商业计划书说服力的部分。同时附录应该尽可能短,避免长篇大论。

5.5 商业计划书的展示

商业计划书在展示时需要做口头陈述。

做口头陈述的重要原则就是遵从指示。如果你被告知有15分钟的时间做陈述,就不要超时。陈述时要流畅,如果出现卡顿、慌乱,则会对投资人信心产生非常不利的影响。

与口头陈述配合的会议演示文稿应该清晰不凌乱。会议演示文稿通常包含以下部分:

◇ 标题;

◇ 团队;

◇ 创业机会的阐述;

◇ 产品/服务/解决方案；

◇ 行业/目标市场；

◇ 科技/技术突破；

◇ 竞争情况；

◇ 营销；

◇ 主要财务指标/分析；

◇ 现状/路线图；

◇ 融资/估值/股权；

◇ 退出策略；

◇ 总结。

此外，还需要精心准备一份电梯简报，并时刻准备，以备不时之需。

电梯简报是一个简短、精心构思的陈述，用来概述一个商机的优势。演讲电梯简报一般为2—3分钟，撰写电梯简报可参考以下内容：

◇ 创业机会；

◇ 产品；

◇ 市场；

◇ 团队。

在很多情况下，一个精心构思的电梯简报可能会派上大用场。

5.6 总结

商业计划书是一份用来描述商业计划的书面说明。对于大多数新创立的企业而言,商业计划书在企业内部和外部都有着重要的作用。商业计划书可以分为多种类型,包含商业计划概要、运营商业计划、融资商业计划等。

商业计划书在撰写时需要遵循一定的要点,并按照常用框架结构进行编写。商业计划书的写作框架包括执行概要、公司介绍、公司架构和管理团队、行业分析、市场分析、营销计划、研发计划、营运计划、财务预测与"假设"、公司效益分析与"假设"、总体进度规划与"预测"、募集资金使用情况和退出计划、附录(如有)等。

商业计划书可以通过12—15分钟的会议演示文稿向投资人展示,同时也需要准备一个2—3分钟的电梯简报,以便简明扼要地快速阐述商业计划并获得对方认同。

思考题

a. 列出商业计划书的用途(至少列10种)。

b. 没有商业计划书能否创业?

c. 商业计划书与商业模式如何互动、互补?

d. 商业计划书中的执行概要是最重要的部分,你会如何计划和编写?

e. 你知道投资人是怎样衡量你的商业计划书?

f. 对创业者来说,撰写商业计划书最重要的作用是什么?

第 6 章
综合营销

6.1 概述

在完成商业模式设计并撰写商业计划书之后,创业者就需要面对产品销售的问题了。这是创业从蓝图进入实施阶段的关键性问题。

解决产品销售问题的核心,是要找到一种最高效的方式来推进和完成整个交易流程。这个流程可能涉及寻找顾客、满足顾客、将价值提议传递给客户或用户、为客户或用户提供售后服务,以及与客户维持长达数十年的良好关系等。当我们说"要把产品或服务成功地卖出去"这句话时,并不仅仅指一场成功的交易,而是蕴含着很多深层次的含义。

那么,如何才能把企业的产品以最高效的方式卖出去呢?这个问题的答案就在于——营销。营销是一个非常大的课题,其内涵是非常丰富的。而在本章中,我们将要着重讲述的是在创业阶段,创业者如何有效地进行营销的工作。

6.1.1 营销是什么

美国市场营销协会（American Marketing Association, AMA）对于营销的定义是：市场营销是对思想、货物和服务进行构思、定价、促销和分销的计划和实施的过程，从而产生能满足个人和组织目标的交换。

这是一个非常好的定义，但我们需要从这个定义出发，进行进一步的了解，特别需要了解营销与销售的本质区别。营销与销售本质上的区别就在于：销售是把现成的产品卖出去，而营销则可能是设计出一个好卖的产品。

管理学之父彼得·德鲁克曾对营销和销售的关系给出过一个极其精彩的论述：营销的目的是让销售变得多余！这句话道出了营销的重要性——在营销工作做到极致的时候，销售就完全不用担心了，甚至有时连销售都不需要，因为客户会主动找上门来。

可以说，营销的核心目标，是让企业在销售时花费很小代价甚至不费吹灰之力的情况下成功地把产品卖出去。换言之，营销的目的是要创造一个可销售的产品，而非仅仅想办法如何把已经做出的产品卖出去。

6.1.2 营销与商业模式

企业所销售的产品是一种完整产品，其中包含核心产品与附加产品。相对而言，核心产品较为稳定，附加产品则会根据商业模式的价值主张而变。如果商业模式变化了，则意味着附加产品也会随之变化。

商业模式和营销的紧密联系也就在于此。营销中最为关键的部分，就是把商业模式中的价值主张传递给客户。具体而言，营销可以从商业模式的价值主张和客户细分出发,通过战略营销设计出附加产品,从而形成完整产品,并通过产品营销推进市场的销售。只有执行战略营销,创业者才能认识到商业模式对于产品及市场的规划是否准确、是否经得起实践的验证。

本章的学习重点之一是商业模式与产品的关系。我们的最终目标是通过和客户交易,将产品或服务卖给用户、将价值主张传递给用户。在这一目标的实现过程中我们可以找到一条从商业模式到产品设计的完整路径。因此,商业模式不只是一个逻辑上的思考,而是通向实际交付的阶梯。

我们可以得到一个从商业模式到产品营销的动态循环过程(见图 6-1)。

  i. 根据商业模式,我们可以选择行业和客户细分。

  ii. 随后通过执行战略营销,选择行业/市场并设计出附加产品。

  iii. 在获取市场反馈的情况下,我们可以不断地评估、验证并调整商业模式。

  iv. 如果商业模式已经得到了验证或获得支持,那么继续推进商业模式的落地,而验证商业模式的最好办法,就是看是否获取了第一个客户、做成了第一笔交易。

  v. 如确需调整,则调整商业模式,并开启一个新的循环过程。

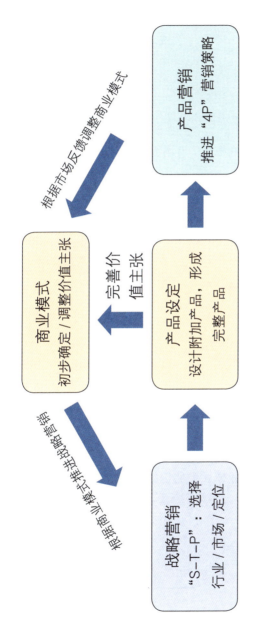

图 6-1 商业模式与战略营销的动态循环过程

可以看出，执行战略营销是实现和验证商业模式，以及产品和市场可行性的重要一环。对于战略营销来说，其执行的关键行动在于以下几个环节。

i. 层进式地选择行业（波特五力分析）。

ii. 选定客户细分/市场细分。

iii. 选定需要马上行动和尽快占领的目标市场。

iv. 确认产品定位，通过产品定位来占领目标市场，第一个目标市场被占领后就可以去占领第二个、第三个、第四个……如果整个客户细分中的所有目标市场都被占领了，那么就再找下一个细分市场。

6.1.3 战略营销与产品营销

执行"S-T-P"战略营销（S-Segmentation 细分、T-Target 目标、P-Positioning 定位）在创业阶段是具有战略性的行动，包含选择行业、客户细分、目标市场及确定产品定位。通过产品定位可以设计出附加产品，与商业模式中的价值主张对应起来。

通过设计附加产品形成完整产品之后，创业者需要在战略层面开展产品营销工作。

产品营销在传统以实物产品为导向的经济时代通常有四个需要重点关注的要点，被称为"4P"营销策略组合，包含以下内容：

◇ 产品定义（Product）；

◇ 价格策略（Price）；

◇ 销售渠道（Place）；

◇ 宣传促销（Promotion）。

而新知识经济时代更需要知识含量高的产品和服务，并诞生了纯知识产品和服务的互联网新经济模式。这时，我们需要新"4P"营销策略组合，使其包含以下内容：

◇ 人才（People）；

◇ 流程（Processes）；

◇ 实物证据（Physical Evidence）；

◇ 个性化（Personalization）。

本章主要讲述商业模式到战略层面的营销方案执行（"S-T-P"战略营销），以及与产品营销工作相关的"4P"营销策略组合。

6.2 "S-T-P"战略营销

6.2.1 从商业模式到"S-T-P"战略营销

创业必须基于一个产品或服务。如果没有产品或服务，就缺乏交易的基础，无法交付客户，也就不可能是创业。

而营销则是完全围绕"如何做一个容易销售的产品"这一核心

目标而开展的。需要指出的是,这里的产品指的都是一个完整产品,它包含核心产品与附加产品。对创业者而言,在设计商业模式时实际上就已经开始进行产品设定的相关工作了。

在创业者刚开始有创业想法的时候,通常会有一个核心产品,并以核心产品为基础来开展创业。比如开设火锅店,就是把火锅作为一个核心产品来进行创业。在一些情况下,也会出现没有核心产品的情况。比如有人研发出了一项通信技术并想开展创业活动。这项技术能够解决很多特定的问题,有着广阔的市场应用空间,但这项技术本身并不是一种产品。在这种情况下,创业者就需要设计出自己的核心产品。

在有了核心产品之后,创业者会通过商业模式设计初步形成价值主张和客户细分,这将成为"S-T-P"战略营销开展的前置基础。

"S-T-P"是市场细分(Market Segmentation)、目标市场(Target Market)、市场定位(Market Positioning)的合称。在执行"S-T-P"之前,还需要进行行业的选择。战略营销的完整执行步骤是行业选择-市场细分(S)-目标市场(T)-市场定位(P)。

创业者通过选择行业、执行"S-T-P"战略营销,寻找客户细分、目标市场和产品定位,从而确定附加产品。附加产品可以是品牌、服务或者其他能为客户带来价值的东西。以咖啡店为例,消费者只需要一张年票,就可以在全国各大中城市找到这个品牌的咖啡店,喝上味道熟悉的咖啡,这就是一种价值主张的具体体现。在这个例子中,咖啡是核心产品,拥有全国联网店面进而能让消费者在各大中城市都能品尝到味道熟悉的咖啡是附加产品,而铺设全国性的联网店面则是实现这一营销目标的关键业务。

通过构建商业模式和执行战略营销,创业者设计出了包含核心产品和附加产品在内的完整产品。完整产品是承载价值主张的载体,也是制定价值主张和客户细分的执行结果。有了完整产品之后，创业者可以从产品层面去开展营销工作，即通过"4P"营销策略组合开展产品的营销工作。

最终，创业者可以根据市场的反馈来看商业模式所设计的附加产品是否符合预期。如果符合预期，则可将商业模式持续落地；如果不符合预期，则可视情况来调整价值主张，重新执行"S-T-P"战略营销、设计附加产品和推进营销工作，直至达成预期目标。由此，从商业模式到战略营销、附加产品设计、"4P"营销策略组合、市场反馈就形成了一个可以不断循环的闭环，帮助创业者得到一个符合预期的完整产品，见图 6-2。

6.2.2 "S-T-P"战略营销的执行

从商业模式出发到启动行业选择和"S-T-P"战略营销的执行，并通过商业模式中的客户细分来开展"S-T-P"战略营销。通过"S-T-P"战略营销中的产品定位设计出附加产品，从而形成一个包含附加产品与核心产品在内的完整产品。然后执行"4P"营销策略组合，进行商业模式的验证。

> 在"S-T-P"战略营销中，行业选择虽然不是"S-T-P"所指的"市场细分 – 目标市场 – 市场定位"中的一环，但却是整个"S-T-P"战略营销中不可或缺的前置环节。

通常，我们有以下两条执行路径，其区别仅在于核心产品确定的时间不同，如图 6-3 所示。

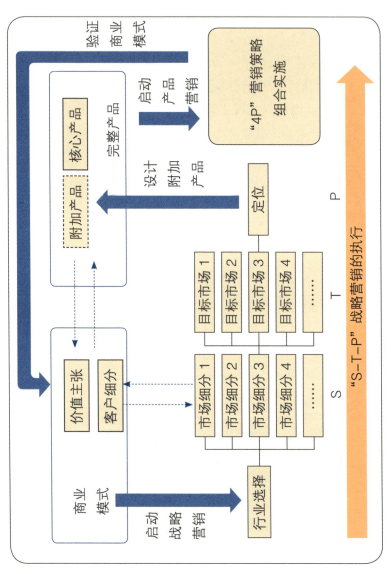

图 6-2 "S-T-P" 战略营销的执行

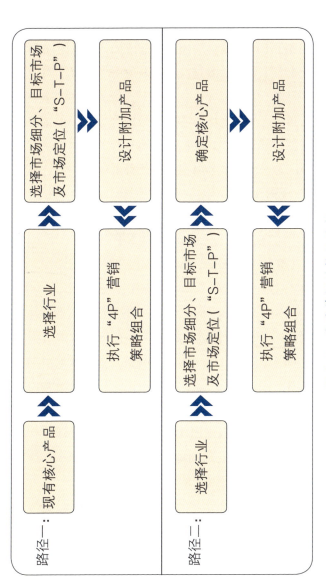

图 6-3 战略营销的执行路径

在选择市场细分、目标市场及市场定位之前需要进行行业的筛选，这是启动战略营销的第一步。如果已经有核心产品，可以尝试把核心产品放在不同行业，从而明确应该如何设计附加产品。

选择行业的主要目的就是找到客户细分。选择了行业，客户细分就会随之而来。客户细分是一个相对笼统的描述，指一群具有相同需求的人群。比如，将城市中的小康家庭作为一个客户细分，这个客户细分会有很多属性，他们有相对一致的文化消费需求、家庭娱乐需求等，这些需求会分属在不同的行业中。我们选择行业的目标就是把这些需求挑选出来，从而确定我们的客户细分。

6.2.3 跨越鸿沟：成为细分市场的第一名

杰弗里·摩尔（Geoffrey Moore）所著的《跨越鸿沟：颠覆性产品营销圣经》（Crossing the Chasm: Marketing and Selling Disruptive Products to Mainstream Customers）是一本颇值得创业者深读的书。

"鸿沟理论"是一套破除高科技产品在市场营销过程中所遭遇的最大障碍的理论。该理论认为，高科技企业的早期市场和主流市场之间存在着一条巨大的"鸿沟"，能否顺利"跨越鸿沟"并进入主流市场，成功赢得实用主义者的支持，决定了一项高科技产品的成败。事实上，每项新技术都会遭遇"鸿沟"，关键在于如何采取适当的策略让高科技企业成功地"跨越鸿沟"。摩尔在这本书中就告诉了我们一些已经得到验证的制胜秘诀。

对于深谙经营之道的公司来说，这本书是它们走向成功的蓝图；对于普通的公司来说，这本书则是它们安身立命的手册；而对于所有商业人士来说，这本书绝对是值得一读的好书。

"跨越鸿沟"最关键的一点是什么呢？那就是成为某个细分市场的第一名。细分市场只会有一个第一名，而如果创业者在"跨越鸿沟"时拿到第二名，就很可能意味着失败。

在这一阶段，创业者的核心目标就是成为这个细分市场的第一名并完全占据该细分市场。这是一个极具战略意义的制高点，只有成为细分市场的第一名才能为一家初创企业在最短时间内带来初期营销所急需的口碑——因为消费者往往只记得住第一名。这种强烈的心理感知将为一个新进入市场产品的推广赋予极大的能量。

虽然初创企业往往在资源、财力等方面都处于劣势，但依然可以通过一些技巧来获取这个重要的第一名。创业者可以通过在细分市场中"设置排名指标"来获得第一名。排名指标的设置是一项需要深度思考的工作，指标必须符合产品内涵，且被客户认为是具有重要价值、对购买具有很大促进的作用。

有很多在细分领域树立第一名形象的典型案例。如肯德基从最开始发明"肯德基炸鸡"开始，就始终在坚持对"烹鸡专家"这一定位的宣称。进入中国市场后，肯德基向消费者展示的形象依然是"世界著名烹鸡专家"。即使在2005年第4季度禽流感流行时，肯德基依然坚持甚至加强对这一指标的宣称，并称拥有严密的防疫措施，可以做"全中国最放心的鸡"。这使得在全球市场上原本处于弱势的肯德基在中国市场的门店数量和市场份额都远超强大的竞争对手麦当劳，并凭借在中国市场门店数量方面的优势与麦当劳分庭抗礼。

肯德基刚进入中国市场时，它所面对的是一个庞大的快餐市场。而它取得市场优势的策略就是通过"指标宣传"占领细分市场，同时在牢牢把握住"烹鸡专家"这一市场形象定位后，提出"打造新快餐"的口号，不断创新菜式，倡导多元化的均衡饮食习惯，以几乎每个月推出一个新品的速度来更新菜单，并注重蔬菜类、高营养价值食品的开发。这一策略在中国市场大获成功。通过占领一个又一个细分市场，肯德基在中国市场获得了优势地位。

营销策略基于顾客的购买决定，是初创企业跨越新市场细分的重要因素。

◎ 当客户作出购买决定时，其内心最大的驱动力就是："我将要获得（享用）世界上最好的产品！"客户彻夜排队购买全球最新款名牌产品或世界顶级音乐会/球赛的门票，都是很典型的例子。

◎ 在面对一个潜在的客户时，如果创业者说："我们的产品已经是某个市场（或某个领域、某个方面）的第一名"，这将大大增强其对客户的说服力。

当创业者成为某个细分领域的第一名，甚至完全占据某个细分市场的时候，客户的口碑传播就会成为攻占第二个细分市场最强大的武器。对客户而言，其永远希望能买到在某个方面最好（如技术最佳或性价比最高）的产品，而初创企业在某个特定市场有第一名的形象，将极大地说服新细分市场的客户进行购买。这正是初创企业"跨越鸿沟"的关键所在。

6.2.4 行业选择：波特五力模型分析

如何选择行业呢？行业的进入难度、现有的核心产品、创业者个人的喜好都会影响这一重要抉择。

在所有选择行业的影响因素中，最重要的因素是行业的吸引力。这种吸引力体现在所选择的行业是不是在现有条件下最容易获取利润的行业。获利的难度较低（也意味着很容易赚钱），也意味着行业内的竞争不那么激烈。为了获知这种吸引力，我们需要引入一个重要工具——波特五力模型，帮助我们完整地了解一个行业的相对竞争情况。

波特教授最早提出了这样的观点：行业竞争情况不能只看直接竞争者，而需要从五个方面进行考量。我们在进行行业选择时可以再一次运用波特五力模型进行分析。

波特五力模型中的五种力量分别是的行业内竞争强度、新进入者的进入障碍、替代品的替代威胁、供应商（卖家）的议价能力与顾客（买家）的议价能力。通过对五种力量的分析可以做出能否进入这个行业的决策。例如，对新进入者而言行业门槛相对较高，则竞争就相对较低；供应商和客户议价能力会影响利润的获取，他们的议价能力越强，该行业获取利润就越难；如果替代品的转化价格低或转化成本低，则产品会更容易被替代，行业内的竞争则会更激烈。

需要强调的是，波特五力模型分析让我们选择一个最具有吸引力、最具备盈利能力的行业。换言之，当一个行业利用波特五力模型发现五项力量都比较"合适"的时候，我们就说这是一个让我们容易盈利的行业。

如何理解并把握这种"合适"呢？我们可以利用以下表格来帮助我们做出思考和评估：

同行业内现有竞争者：	我们的优势和议价能力 + 客户的转换成本
供应商（卖家）：	卖家的议价能力 + 客户的转换成本
新进入者：	行业的门槛 + 垄断的情况
顾客（买家）：	买家的议价能力 + 客户的转换成本
替代品：	替代品的竞争力 + 客户的转换成本

选择行业之后，可以启动"S-T-P"战略营销，即细分市场、目标市场和市场定位的选择。

细分市场的选择与行业选择息息相关。选择行业之后，可以进一步确定细分市场。对于企业尤其是创业企业而言，其能力通常是有限的，无法服务整个细分市场的顾客，因此在市场细分之后的若干个"子市场"中，企业需要瞄准其中的一个市场、针对一群目标客户开展营销活动。这个细分市场的子集就是目标市场。选择目标市场的重要目标之一就是成为所有目标市场的第一名，这取决于创业者自身的资源和能力。

在确定目标市场之后，企业可以进一步进行市场定位。一个目标市场只有一个市场定位。企业针对目标顾客的心理进行营销设计，在顾客心中形成一种固有的、独特的形象特征，从而取得市场上的竞争优势。

比如，我们选择了"火锅餐饮行业"，同时确定了"作为一个娱乐休闲场所"这一方向。我们可以选择"聚会"这一场景作为我们的市场细分。之后我们可以在家庭、朋友、情侣这几类目标客户群中选中一类。如果选择家庭这一目标客户群，我们就需要进行定位的工作，从"消费不高""一家三口都能得到娱乐，小孩大人都能开心""小朋友特别喜欢氛围和食品"等选择一个市场定位，并传达到消费者心中。定位的重要性在于，定位越独特，越能够吸引目标客户，就会获得越大的竞争优势。独一无二的定位往往是在目标客户群中打败竞争对手、让目标客户群购买产品/服务的关键。

通过执行"S-T-P"战略营销，可以成功设计出附加产品，以满足细分客户群体的需求并开展实际的产品营销工作。

6.3 传统的"4P"营销策略组合

在完成附加产品设计之后,创业者已经有了一个完整的产品,并可以基于这个完整产品来开展实际的营销工作。

通常来说,"4P"营销策略组合是很多企业采用的营销策略。传统的"4P"市场营销组合包含产品定义、价格策略、销售渠道和宣传促销。

6.3.1 产品定义

营销组合中的产品是提供给目标客户群体的货物或服务的集合,包含了产品的用途、质量、外观、品牌、规格、服务等一系列特质。实体、服务、品牌、包装等要素形成了营销概念中的产品组合。

产品定义取决于"S-T-P"战略营销中的市场定位。产品组合中的诸多要素都是围绕产品的市场定位而来的,为了吸引目标客户。

6.3.2 价格策略

价格策略包含基本价格、折扣价格、付款时间、借贷条件等要素。

价格是一个非常有效的营销策略元素。价格的决定性因素并非来自生产成本,而是来自目标客户群的感知。价格在很大程度上会影响核心产品在消费者心目中的定位,因而根据市场定位来决定价格是自然而然的事情。

6.3.3 销售渠道

销售渠道通常指商品分销的组合,主要包括分销、储存场所、仓储和运输等。企业选取销售渠道的目的在于使产品进入和到达目标市场。因此，销售渠道的确定是由目标市场及产品的市场定位所决定的。

6.3.4 宣传促销

宣传促销指企业利用各种信息载体针对目标市场开展的沟通和传播活动，包括广告、人员推销、营业推广与公共关系等。

宣传促销根据定位来进行宣传推广，其核心在于如何推广价值提议。

"4P"（产品定义、价格策略、销售渠道、宣传促销）是市场营销过程中可以控制的因素，也是企业进行市场营销活动的主要手段。对以上四种元素的具体运用，形成了企业的市场战略营销。

一直以来，实体经济、实体交易都是人类社会赖以生存和发展的基础。事实上，任何实体产品或服务，或多或少都含有知识内容。在知识型经济社会的今天，很多人仍然沿用传统的营销手段。但今天仅凭传统的营销手段并不一定能取得最佳的营销效果。

在新时代下，一个有高知识含量的产品/服务要想获得成功，仅依靠传统的"4P"是不够的，要再加上新的"4P"才能满足以知识为本的商业模式和以知识为核心的产品或服务的需求。新的"4P"即人才、流程、实体证据及个性化。

现在，无论销售的是何种产品或服务，传统"4P"和新时代的新"4P"都必须结合起来，才能达到营销效果。

6.4 知识经济下的新"4P"营销策略组合

任何产品都含有知识内容。以 iPhone 为例,它表面上只是一个普通的产品,但实际上却是一个知识内容的集合体。iPhone 最为人熟悉是它别树一帜的操作系统 iOS。虽然顾客购买的不是 iOS 而是苹果手机,但如果没有 iOS,那么 iPhone 也不再成为 iPhone。iPhone 的 Siri 亦同样不是实物,但很多顾客却为了体验 Siri 去购买 iPhone,由此可见知识内容完全可以大大增加产品的价值。

新时代的新"4P"是以高知识含量为关键的营销策略。如果使用得法,就可以打破旧有的行业规则,形成新的竞争格局,并使企业获得独特的优势,在竞争中脱颖而出。

6.4.1 人才

一些职业如律师、医生、高级顾问的收入较高,主要原因是他们提供的服务含有无法取代的知识内容。律师必须有一定的法律知识才可以在法庭上提出理据;高级顾问也必须通晓市场行情才能为客户提供意见。

购买 iPhone 的顾客表面上购买的是一件产品,但事实上顾客购买的是开发 iPhone 的所有技术团队的服务,和由这些服务所构成的强大品牌效应。而 iPhone 更是实现 3C(Computer、Communication、Consumer Electronics)融合的工具。

6.4.2 流程

对于很多以服务为主业的企业而言,流程才是客户购买的产品。例如,FedEx、DHL 和购物网站亚马逊(Amazon),它们最大的价值都在于流程。亚马逊售卖的是实体产品，顾客选择从亚马逊购买，是因为本地公司无法提供该货品，但亚马逊却可保证客户如期收到货物。这也使得亚马逊成为世界性的品牌。戴尔（Dell）的供应链成功令产品的售价降低，由此成为消费者心目中的计算机知名品牌。而国内的电商企业京东，在各地修建超大型仓库用来储备商品，从而使得客户可以隔天收货，甚至上午下单，下午收货。这使得京东获得了客户强烈的认同感。

6.4.3 实物证据

很多知识型企业必须让客户"看"到实物证据。实物证据可以是银行投资记录和分析报告、顾问的访谈记录、律师的谈话记录，甚至产品的包装、婚礼服务的布置等。实物证据是一种实体记录和多维度服务的证据，目的是全面增强体验感，将企业拥有的知识转化成产品和用户体验的一部分，让品牌形象更加正面并形成更强的认同感和信任感。

6.4.4 个性化

有了人才、良好的流程服务以及"眼见为实"的实物证据，企业还需要让客户感到服务是专为他们而设的。律师、医生、顾问提供的服务实际上千篇一律，但每个客户的要求都不同。有了个性化服务的特质，客户才会认为企业能够帮助他们解决问题。iPhone 的云端服务 iCloud 也含有个性化的特质，成为顾客购买产品的关键。

新时代的新"4P"是营销组合（Marketing Mix）和策略定位（Strategic Position）的工具，也是将知识"实体化"的重要手段。无论在任何时代，产品的差异化都是营销策略的重要一环，能够为产品建立品牌，这正是差异化营销策略的第一步。

6.5 总结

本章主要讨论了商业模式与战略营销关联的"S-T-P"战略营销，以及传统/知识经济时代下的"4P"营销策略组合。

战略营销的执行包含行业选择 – 市场细分 – 目标市场 – 市场定位四大步骤，进而设计出附加产品。战略营销的执行是一个动态的循环过程，需要通过后续"4P"营销策略组合带来的市场反馈进行商业模式的调整。

传统的"4P"市场营销组合包含产品定义、价格策略、销售渠道和宣传促销。"4P"与产品的定位有很大的关联。新时代下人才、流程、实物证据及个性化成为新"4P"。传统的"4P"和新时代的新"4P"必须结合起来，才能达到营销效果。

思考题

a. 你知道营销和销售的区别吗？
b. 核心产品和完整产品有什么区别？它们之间有什么关联？
c. 请准确地阐述商业模式与产品开发之间的关系和联动。
d. 高知识含量的产品/服务是什么？传统的"4P"营销策略组合和知识经济下的新"4P"营销策略组合有什么区别？
e. 行业选择、商业模式、营销、产品开发这四者之间的关系是什么？如何互动？
f. 创业营销和一些颇有规模公司的营销方法有什么不一样？
g. 怎样学习创业营销呢？
h. 有一个好的产品就不需要考虑营销了吗？

第 7 章 创业金融

7.1 概述

创业者必须对创业金融有一定的了解，否则可能在创业的关键时刻产生一系列的问题，如对现金流缺乏把控，或因为不了解投资人的投资逻辑而失去融资机会等。可以说，创业金融是一项基本且重要的工作。

在创业金融方面，创业者的核心目标是了解这个关于"钱"的游戏是怎么玩的。具体而言，创业金融与财务管理涉及两件重要事项：筹集资金和以实现最高回报率的方式来管理公司的财务。这便是所谓的财务纪律。一个没有财务纪律的人很难成为一个成功的创业者，遑论成为一个优秀的企业家。

从这两件重要事项出发，创业团队需要弄清楚以下几个问题。这些问题直接关系到企业在创立初期的生死存亡及后续的发展：

◇ 我们是赚钱还是亏钱（企业是否实现财务意义上的盈利）？

◇ 我们手头有多少现金（企业现在的现金情况如何）？

◇ 我们是否有足够的现金来履行短期义务？

◇ 我们利用资产的效率如何？

◇ 我们的经济增长和净利润与同行相比如何？

◇ 我们进行固定资产投资的资金从哪里来？

◇ 我们有没有办法与其他公司合作来分担风险或减少风险？

◇ 我们需要多少现金？

◇ 总的来说，我们的财务状况是否良好？

对于这些问题，创业者心中必须有确定而清晰的答案。这就意味着我们需要掌握必要的创业金融和财务知识。

对创业者而言，首先要理解企业金融的核心——货币具有时间价值，即资金本身具有时间上的成本。只有基于这个理解，创业者才能在企业初创阶段正确使用资金并理解投资人的投资决策。

其次，创业者需要能够对资金进行有效的管理——创业者或许不需要亲自进行财务方面的管理，但至少需要理解财务报表中的关键数值。

再次，创业者需要学会"找钱"，包括使用自己的钱、股权融资及借贷等方式。初创企业通常都会面临资金缺乏的难题，因此"找钱"也是绝大部分创业者的必备技能。

最后，创业团队需要理解企业的估值。这关系到后续的很多关键性的决策，如企业后续的发展模式、投融资决策和创业者的退出方式等。

本章思路如图 7-1 所示。

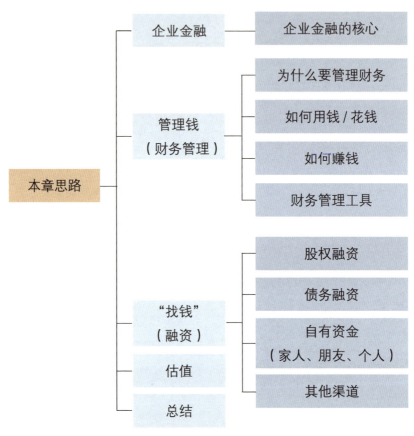

图 7-1　本章思路

7.2 企业金融的核心——理解企业金融的世界

要理解企业金融,重点是认识企业金融的核心观念,即钱是有成本的。从这一核心观念出发,我们可以了解企业金融的基本内涵,并在此基础上认识 WACC——衡量"钱"的成本的具体工具。本小节将对 WACC 进行讨论。

7.2.1 资金流动

拥有资金的公司、个人、政府都有资本增值的需求,都需要进行投资。资金从投资到增长就是一个非常重要的流动方向。企业金融实质上就是资金的流动。

而由于信息不对称,资金流动的过程中需要中间人进行牵线,这也是推动世界资金流转的最大动力,见图 7-2。

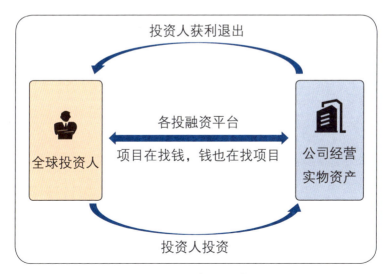

图 7-2 资金流动

7.2.2 企业金融的基本任务

企业财务管理（企业金融）的主要目标之一就是贯彻财务纪律，即完成财务计划、财务控制、投资项目评估、财务决策、资本市场操作这五项企业金融的基本任务，见图7-3。

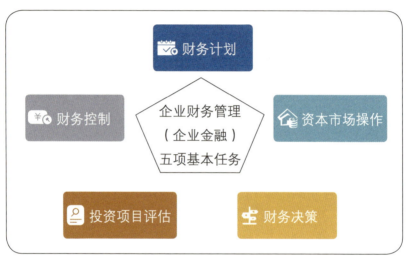

图 7-3　企业财务管理 / 企业金融的五项基本任务

1. 财务计划

制订财务计划的目的是为财务管理确定具体的量化目标。财务计划包括长期计划和短期计划。短期计划指年度的财务预算。长期计划则指1年以上的计划，作为实现公司战略的规划。

对于创业公司来说，通过计划与推演来获取最佳措施的决定是非常重要的。我们必须基于相应的方法、步骤和工具，形成现金流支持创业发展规划的财务计划。财务计划的要点见图7-4。

图 7-4　财务计划的要点

2. 财务控制

财务控制中的"控制"并非管制、约束，而是对行动结果与表现的反馈——表现得法就持续开展乃至奖励，不得法就进行改进。

创业者要进行财务控制，需要掌握关键财务数据。仪表盘是一个重要的工具，将公司的销售额、现金流等关键的财务数据直观呈现出来。创业者可以看到财务数据是否得当，随时掌握财务形势，并做出准确的判断。财务控制的要点见图 7-5。

图 7-5　财务控制的要点

3. 投资项目评估

对于投资项目而言，最核心的评估标准是成本与回报的考量。在评估时，需要充分考虑投资成本这一关键点。在这里，我们不妨深入思考一下，创业投资与成熟企业投资有什么差别？

无论是直接牵涉融资的大项目,还是购买一台办公电脑这种小项目,都需要评估其回报。对于任何投资对象和投资额,都需要慎重做出决策。只有评估通过才可以投入资金。

无法满足创业所需的必要投资金额要求,就意味着需要融资。因此投资项目评估直接影响资本决策。投资项目评估要点见图 7-6。

图 7-6　投资项目评估要点

4. 财务决策

财务决策是一项经常性的重要工作。初创企业几乎每一天都会涉及财务决策。公司的每一项日常营运支出都需要马上解决,否则可能产生严重后果。比如,如果不能及时支付租金,再大的公司也可能会被关闭;同样地,即使公司获得了 500 万元甚至更大的订单,但如果没有测算好运营资本,也可能面临生产不出产品的风险。

因此,不管公司营收规模有多大,都需要做好财务决策,这也是企业金融五项任务中最常做和最重要的一项。相比之下,财务计划、财务控制、投资项目评估等任务可以在其后开展,资本市场操作则可以等到需要融资和上市时再考虑,但财务决策在日常运营中却是刻不容缓的工作。财务决策要点见图 7-7 所示。

- 识别、选择投资的资金来源
- 直接影响投资决策
- 决定最佳的执行方案

财务决策

图 7-7　财务决策要点

要做出正确的财务决策，需要注意三个方面：资本预算、资本结构和运营资本，见图 7-8。

图 7-8　正确财务决策的要点

资本预算是让创业者知道要花多少钱。在这方面需要掌握四大要点：资本预算是一项不可逆的决策，也是一种长期投资计划的反应，做预算有必要掌握关键准则（如评价的技巧），同时资本预算通常会赋予企业某种特质（比如是进取型还是稳健型）。

资本结构指掌握公司资金的构成情况。创业者需要了解资本使用的成本（更专业的方式是运用加权平均资本成本法进行计算），掌握公司的债务和股权情况，同时运用最廉价的方法来实现各项目标，并知道现有的资金是从哪里来的，比如是从贷款、股权投资而来，还是从其他渠道而来。

而运营资本则是让创业者了解维持日常运营需要多少资金。创业者需要对日常运营支出以及可动用的现金和短期资本了如指掌，还需要了解投资、信用和库存状况，以及收集资本和支付成本的方式。

5. 资本市场操作

初创企业如果发展成为上市公司，就需要进行资本市场操作。

企业的招股分为两种：首次公开募股（Initial Public Offering, IPO）和次公开招股（定向增发）。首次公开募股指一家企业第一次将它的股份向公众出售；定向增发指上市公司面向特定的投资人增加发行一批股票。

企业在资本市场展开一系列行动，包含增资、派发红利/红股等。投资人关系和商业上的合规性（包含内部监管和监管部门监管）是企业进行资本市场操作的基础。资本市场操作要点见图 7-9。

- 首次公开募股、次公开招股
- 企业在资本市场的行动（增资、派发红利/红股等）
- 投资人关系
- 商业合规性：内部监管和监管部门监管

资本市场操作

图 7-9　资本市场操作要点

7.2.3　企业金融的核心要点：资金是有使用成本的

投资与回报是企业金融关注的重点。为了掌握投资与回报，创业者必须先认识到企业金融的核心要点——资金的使用是有成本的。

简单来说，资金会随时间推移而增值，这些增值的部分需要计入资金使用的成本之中。这便是货币的时间价值——货币在周转使用中随着时间线（Time line）的推移而发生的增值（见图 7-10）。决定资金成本的是利率（利息率）。利率表示资金本身的获利能力，基本计算公式为资金的增值与投入资金的价值之比。

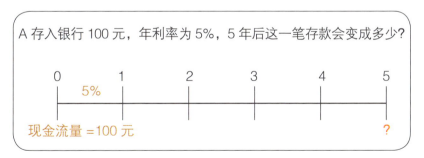

图 7-10　时间线的例子

需要指出，这是一种简化了的计算方式，计算的是理想状态下的纯利率。影响纯利率的基本因素是资金的供应量和需求量。资本市场上供应量小于需求量，提供资金一方给出的利率会提高，反之则会降低。

当然，在实际的资金利率计算中，仅计算纯利率是不够的，通常还需要考虑风险和通货膨胀率的因素。同时，我们还需要注意到，资金所产生的增值部分同样会随着时间增值，这便是复利。本利和、利率与期数的关系见图 7-11。

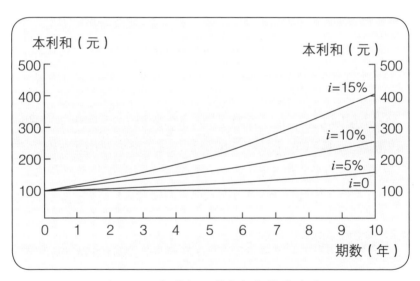

图 7-11 本利和、利率与期数的关系

如图 7-11 所示，100 元的本金，以 5% 的年利率为例（$i=5\%$），复利计算如下：

1 年后的本利和：$FV1=PV(1+i)=100\times(1+5\%)=105$（元）
2 年后的本利和：$FV1=PV(1+i)^2=100\times(1+5\%)^2=110.25$（元）

5 年后的本利和：$FV1=PV(1+i)^5=100\times(1+5\%)^5=127.63$（元）

8 年后的本利和：$FV1=PV(1+i)^8=100\times(1+5\%)^8=147.75$（元）

10 年后的本利和：$FV1=PV(1+i)^{10}=100\times(1+5\%)^{10}=162.89$（元）

同样地，我们可以计算得知，以 10% 的年利率（$i=10\%$）计算（复利），10 年后的本利和：$FV1=PV(1+i)^{10}=100\times(1+10\%)^{10}=259.37$（元）；以 15% 的年利率（$i=15\%$）计算（复利），10 年后的本利和：$FV1=PV(1+i)^{10}=100\times(1+15\%)^{10}=404.56$（元）。

对于投资人而言，一项投资需要在扣除成本之后达到预期的收益。我们需要通过折现率来计算这项收益。顾名思义，折现率即未来有限期预期折算成现值的比率。

严格来说，折现率不是利率，也不是贴现率，而是收益率。折现率是反映管理的报酬，折现率与资产以及所有者的使用效果相关，与使用条件、资金占用者和使用途径有直接联系。折现率是一种外加率，是到期后支付利息的比率。

举一个例子，现在投入 15 万元，3 年后获得 150 万元。但 3 年后的 150 万元并不相当于现在的 150 万元，需要折算成现在的金额（扣除通货膨胀率等因素）。假如国内通货膨胀率为每年 5%，无风险投资收益率为 5%，风险回报率为 10%，那么回报率是 20%。折现计算为 $150\div1.2^3=86.8$（万元），即 3 年后的 150 万元相当于 86.8 万元现值。

投资人在折现率方面是有要求的。创业者如果不理解投资人的投资取向，那么他在融资时将会相当被动。

7.2.4　WACC——钱和投资的决定

创业者在很多时候都需要理解投资人是如何看待一项投资并做

出决定的。WACC（Weighted Average Cost of Capital，加权平均资本成本）便是投资人最重要的考量之一。无论是天使投资人还是风险投资，WACC 都是投资的底线。

WACC 被用来计算资金的使用成本。作为一家公司各种资本成本的加权平均值，WACC 对于公司的财务管理有着重要的启示。

◇ 从企业估值的角度来看，折现率是企业各类收益索偿权持有人要求报酬率的加权平均值，也就是加权平均资本成本。

◇ 从企业投资的角度而言，不同性质的投资人有各自不同的要求报酬率，这共同构成了企业对投资项目最低的总要求报酬率，即加权平均资本成本。

◇ WACC 是公司整体的平均成本，反映公司通过不同方式取得资金的平均成本的水准，不但可以作为设定投资计划的必要报酬率的参考，也是与资金供应者议价的指标。

◇ WACC 作为公司整体平均成本，是公司进行资本结构选择的指标之一。在公司的财务决策中使 WACC 达到最小的资本结构为最佳的资本结构，或称为目标资本结构。

7.3 管理钱（财务管理）

财务管理的目的是提升企业的盈利能力、流动性、效率和稳定性。需要指出的是，钱是指现金而非盈利，会计意义上的盈利并不一定就意味着现金充裕。创业者的财务管理需要以现金为主，"现金为王"依然是创业阶段企业最重要的信条。

◇ 盈利能力：企业赚取利润的能力。许多初创企业在培训员工时宣称建立品牌的最初 1 至 3 年内是没有盈利的，然而这种说法并不正确，一家公司必须盈利才能生存并为其所有者提供回报。

◇ 流动性：公司履行其短期财务义务的能力。即使公司能够盈利，在银行中保留足够的资金以及时履行公司的日常义务对公司来说通常也是一项不小的挑战。

◇ 效率：一家公司相对于其收入和利润如何有效地使用其资产。

◇ 稳定性：公司整体财务状况的实力和活力。一家公司想要稳定，不仅要赚取利润并保持流动性，还要控制其债务。

7.3.1　财务报表的重要性

损益表、资产负债表和现金流量表是企业最常用的财务报表。财务报表全面系统地揭示企业在一定时期内的财务状况、经营成果和现金流量，可以了解公司各项任务指标的完成情况，评价经营业绩，以便及时发现问题，调整经营方向。同时，财务报表也方便投资人、债权人和其他有关各方了解企业的财务状况、经营成果和现金流量情况，从而分析企业的盈利能力、偿债能力、投资收益、发展前景等，为投资、贷款和合作提供决策依据。此外，规范的财务报表也是合规的一部分，通过财务报表可以让监管部门方便地了解企业实际经营情况和合法合规情况。

财务报表主要承担以下功能：

◇ 目标评估：财务报表是定量描述公司财务状况的书面报告。在评估公司是否实现其财务目标时，很大程度上要依赖对财务报表的分析。

◇ 预测：预测是基于过去业绩、当前情况和未来计划对公司未来收入和支出的估计。新企业的预测一方面是基于对销售额的估计，另一方面是基于行业平均水平或类似初创企业在销售成本和其他费用方面的经验。

◇ 预算：预算是对公司收入、支出和资本需求的逐项预测，也是财务规划和控制的重要工具。

◇ 财务比率：财务比率可以描述公司财务报表项目之间的关系。对财务比率的分析有助于公司确定其是否达到财务目标以及与同行的对比情况。

作为创业者，在财务方面最基础的工作就是做好记录。创业者可能不懂财务，但是一定要记录每一项收入和支出，这样可以对企业的盈亏情况和现金流情况有必要的了解。

7.3.2　财务管理工具——三大财务报表

财务报表是重要的财务管理工具，主要的财务报表包括损益表（注意是损益表，而不是资产损益表）、资产负债表和现金流量表。

◇ 损益表反映的是企业在特定时期内的经营成果。它记录给定期间的所有收入和支出，并显示公司是盈利还是亏损。

◇ 资产负债表是公司在特定时间点的资产、负债和所有者权益的"快照",反映这一时间点企业的资产负债状况。

◇ 现金流量表总结特定时间段内公司现金状况的变化,并详细说明发生变化的原因。

7.3.3 财务预测

在分析公司的历史财务报表之后,便可准备开展财务预测。

财务预测是对公司未来销售、费用、收入和资本支出的预测。公司的财务预测是备考财务报表的重要基础(注:备考财务报表指将会计信息采用国际会计准则而非我国法定会计准则制定、供相关投资人查阅的财务报表)。

一套完善的备考财务报表可以帮助公司以主动的方式创建准确的预算、制订财务计划并管理其财务。

一旦公司完成了销售预测,就必须预测其销售成本和损益表中的其他项目。最常见的方法是使用销售百分比法。这是一种将每个费用项目表示为销售额百分比的方法。

如果一家公司确定它可以使用销售额百分比法并遵循教科书中描述的程序,那么最终结果是其损益表上的每个费用项目都将与销售额以相同的速度增长(除了可以单独预测的项目,例如折旧)。

7.4 找钱——获得资金或融资

现金对初创公司而言是非常重要的,因此获得资金或融资在很多时候成为初创企业的必由路径。创业者的认知中通常会存在一个误区:在需要开始筹集资金之前,很少有人会了解筹集资金的过程。最终,许多创业者因为缺乏这方面的经验而导致筹集资金的过程过于随意，为公司的未来发展埋下隐患。

对于企业来说，在自有资金或自身筹集资金不足以支持企业早期发展时，就需要考虑融资。寻找资金有多种方式，如使用自有资金、股权融资、债务融资等方式。

◇ 使用自有资金——获取资金最常见的方式，通常是使用个人、朋友或家人等的资金。

◇ 股权融资——需要以公司部分所有权来换取资金，通常通过股票或分配股权比例的方式筹集资金。对股权融资来说，公司估值是投资人最重要的考量之一。

◇ 债务融资——其实就是贷款，公司会因借贷而背负利息。对债务融资而言，公司的现金流状况是债权人决定是否借款的重要考量之一。

除了自有资金，无论是股权融资还是债务融资，都需要进行前期准备工作。如果没有相应的准备工作，企业将很难获得融资。融资准备的流程如图7-12所示。

图7-12 股权融资或债务融资的准备流程

7.4.1 使用自有资金

使用自有资金是获取资金最常见的方式,通常是使用个人、朋友与家人等的资金。

◇ 个人资金——绝大多数创始人为他们的企业贡献了个人资金以及汗水资产,这是新企业的第一大资金来源。汗水资产代表了创始人投入新企业的时间和精力的价值。

◇ 朋友和家人——朋友和家人是许多新企业的第二大资金来源,其使用成本通常较低。

◇ 引导——新企业使用自有资金的第三个种子资金来源被称为引导。引导是通过节俭、削减成本或任何必要的手段寻找避免外部融资或资金需求的方法。许多创业者出于这种需要而自力更生,规避或尽量减少资金的需求。

7.4.2 股权融资

债务融资有较大的使用成本。以申请贷款为例,除要偿还本金外,创业者还要负担不小的利息支出。因此,很多创业者会考虑股权融资方式,通过出让部分企业股权引进新的股东来进行融资。在股权融资中,新股东将与老股东同样分享企业的盈利与经济增长,企业不需要向投资人还本付息,因此股权融资对改善公司现金流有很大帮助。本质上,股权融资就是通过出售企业所有权来获取资金。

企业所有权为企业带来两种意义：拥有公司所有权时一是可以享有公司利润，二是拥有选择公司管理团队的权利（一般而言，需要 51% 的股权才可以决定管理层的人选）。而卖出所有权，等于将享受公司利润的权利和选择公司管理团队的权利（投票权）出让。一旦卖出所有权，可能永远拿不回来。

股权融资的好处在于不用归还资金，同时也把投资人变成公司的一分子。选择有能力和资源的人成为公司股东，也可以利用其能力与资源推动公司更好地发展。

对于创业者而言，在企业的不同发展时期可采用不同的融资方式（见图 7-13）。创业初期（种子期、发展期）企业可以获得的通常是天使投资和风险投资。

天使投资人是将个人资本直接投资于初创企业的个人。典型的商业天使投资人的年龄通常在 35—50 岁，受过良好的教育，拥有很好的资金实力，很多人曾经有创业成果，并对创业过程很感兴趣。天使投资人最重要的价值，在于愿意进行金额相对较小的投资。这些投资人在一家公司的投资额通常在 10 万至 50 万元人民币之间。

风险投资是风险投资公司投资于具有较大增长潜力的初创企业和小型企业的资金。风险投资公司是基金经理的有限合伙企业，通过筹集资金，投资初创企业和成长中的公司。这些资金或资金池来自富人、养老金计划、大学捐赠基金、外国投资人和其他的类似来源。

获得风险投资的一个重要条件是需要通过尽职调查。创业者必须对此引起重视。此外，风险投资人可能分阶段向初创企业投资，这意味着并非所有投资的资金都会同时支付。风险投资的流程如图 7-14 所示。

图 7-13 企业不同发展时期的融资方式

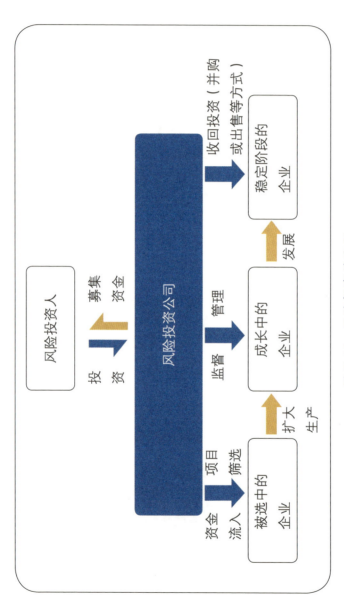

图 7-14 风险投资的流程

7.4.3 债务融资

债务融资（贷款）也是初创企业常见的融资方式。与股权融资的区别在于，债务融资不涉及所有权，但需要定期归还本金和利息。

通常利息是每个月都要支付的，因此债务融资可能会吃掉初创企业最需要的现金流。债权人不允许不付利息。

很多时候创业者都不希望进行债务融资，除非是在难以获得股权融资的情况下。对于是否启用债权融资，WACC 是影响创业者决策的决定性因素。创业者需要选取 WACC 最少，即使用成本最低的融资渠道。

创业者不希望使用债务融资还有一个重要的原因是从历史上看，银行是趋向于规避风险的，而为初创企业融资却是一项有一定风险的业务。一般而言，银行对现金流强劲、杠杆率低、财务管理良好和资产负债表健康的公司会更感兴趣。

7.4.4 其他获取资金的渠道

初创企业除了自有资金、股权/债务融资等方式，还可以通过供应商信用和保理等渠道来获得更充裕的现金流。

供应商信用也称贸易信贷，指供应商向企业提供信贷，允许企业预先购买其产品或服务而推迟支付货款。这对于缓解企业现金流压力具有很重要的意义。

保理则是一种金融交易。企业将其应收账款以折扣价出售给第三方（称为保理商）以换取现金。对于企业而言，虽然在金额上会有一些损失，但如果能获得宝贵的现金流，很多时候保理也是值得考虑的。

7.5 估值

提升企业估值是很多创业者的重要目标。企业的估值是由市场决定的而非企业宣称的。如果有投资人购买公司的股权，就表明公司真正具备了价值。而这是企业宣称的估值获得认可的标志性事件。

图 7-15 展示了一个估值计算的案例。

实际上企业向投资人提供股份出售比例和募资金额需求，是一种对公司所出售股份的"报价"。投资人需要经过调查和评估并做出是否投资的决策，同时投资人可能会"还价"，即以同样的价格索取更多股份或要求获得的股份不变但降低投资额。

7.5.1 初创公司估值的定量分析

对于任何公司来说，商业估值从来都不是直截了当的，而是需要经过复杂的评估和计算才能得出的。对于收入和收益稳定的成熟上市企业，其估值的计算方式通常为税息折旧摊销前利润（Earnings Before Interest, Taxes, Depreciation and Amortization，EBITDA）的倍数（或基于其他行业特定的倍数）。税息折旧摊销前利润，指未计利息、税项、折旧及摊销前的利润。

由于估值通常基于企业的收入和利润，因此对于收入或利润很少或没有、未来收入也并不确定的初创公司来说，估值的工作就会特别棘手。而要评估一家未公开上市且可能需要数年才能销售产品或服务的新企业，会面临更大的困难。

初创公司估值的初步量化计算，通常有三个重要工作。

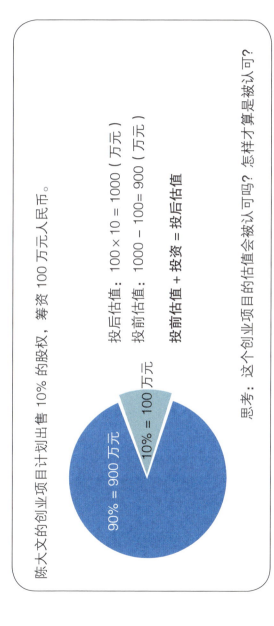

图 7-15 估值计算案例

◇ 使用商业计划格式制订出企业三年内的商业活动和增长计划。商业计划书作为最有效的沟通工具，既适用于创业者，也适用于投资人。通过制订清晰的商业计划，创业者可以提出对未来几年业务的期望，投资人可以审查该计划以确定该商业企业目前拥有的和未来预计拥有的价值。

◇ 确定公司的基准价值。基准价值基于账面价值，可以计算企业出售现有所有资产的价值。我们可以通过从资产中减去负债来计算出一个简单的账面价值。

◇ 通过计算收益来确定新企业价值的上限。收益计算使用息税前利润或息税前收益。我们可以使用一个倍数（如3倍或4倍——一般表示一个强大的新企业）乘以息税前利润或收益来计算，其结果表示新企业的整体收益预测。

除了以上初步的定量分析，对一个初创项目的估值最重要的考量有以下两个因素。

◇ 需要考虑的第一个因素是，企业需要多长时间才能达到收支平衡，或者说实现正向的现金流。通俗地说就是需要"烧钱"烧到什么时候才能让公司进入盈亏平衡的阶段。这是对时间的衡量，可以包括定量与定性的思考和分析。

◇ 需要考虑的第二个因素是，初创企业所运用的技术与商业模式的创新程度和确定性如何。如果企业所采用的技术或者提出的商业模式是非常创新的，那么这就意味着它可能会拥有一个很大的新市场并带来较高的收益，但这样也意味着这种技术或者商业模式具有较大的不确定性，其中蕴含着风险。

对于借贷业务的银行来说，其目标是收回利息和本金。以上两个因素都会直接影响银行的评估与决策，帮助银行在风险可控范围内决定放贷与否、放贷数额及利息等。而对于一个风险投资人来说，其更看重的是未来可以获得的收益，越新的技术或商业模式便意味着越高的风险，但也很可能意味着潜在的收益越可观。因而我们可以获得一个具备四种可能性的象限图，见图7-16。

7.5.2 评估初创企业发展的指标与方法

无论是创业者还是投资人，都需要相应的指标和工具有效评估初创企业的未来发展。处于起步阶段的公司很难确定其准确价值，因为它的成功或失败仍然不确定。因此，创业公司估值看起来更像是一门艺术而不是一门科学。这种说法不无道理。然而，运用一些相对客观的估值指标和方法有助于让这门艺术更科学一点。

这些指标和方法包含资产强度、现金流、盈利能力、复制成本等。

1. 资产强度

资产强度是使企业形成可售产品并获得现金流之前所投入的实物资产的数量。如果需要花费大量的实物资产与人力才可以把东西卖出去产生现金流，那么这个项目所要求的资产强度就相对较大。

在投资人看来，同样的资产强度会有不同的产出。一般来说他们会倾向于将资产投入更有效率的项目中去。

2. 现金流

现金流的实质是正向的现金流。现金流与盈利不一定有很大的关联，但对于企业的持续发展非常重要。

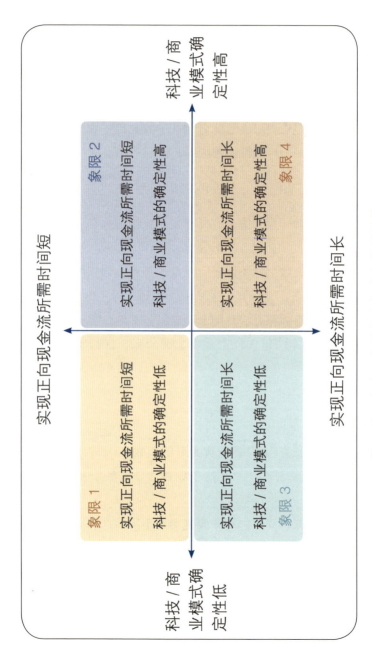

图 7-16 企业正向现金流与确定性的评估

3. 盈利能力

盈利能力指企业获取利润的能力，也被称为企业的资金或资本增值能力，通常表现为在一定时期内企业收益的多少及其水平的高低。需要指出的是，盈利能力是以会计方法来体现的，盈利能力是体现在财务报表中的数字，盈利能力强并不意味着就已经获得了充裕的现金，此时仍然需要避免陷入现金流枯竭的困境。

4. 复制成本

复制成本可以被视为从头开始建立另一家类似公司的成本。因此，一个聪明的投资人肯定不会支付超过复制成本的费用。

评估复制成本的方法就是复制成本法。通常投资人会查看公司的实物资产以确定其公平的市场价值。如复制软件业务的成本可以被视为设计软件所花费编程时间的总成本。对于一家高科技初创公司来说，其复制成本可能就是从创办至今的研发成本、专利保护和原型开发成本。复制成本法可以基于可验证的历史费用记录，被认为是一种非常客观的方法，通常是评估初创公司的起点。

复制成本法最大的问题——公司创始人在这里肯定会同意——是不能反映公司未来产生销售、利润和投资回报的潜力。更重要的是，复制成本法并没有捕捉到在发展的早期阶段公司可能拥有的无形资产，如品牌价值。因为它通常低估了风险投资的价值，所以经常被视为对公司价值的"低调"估计。当关系和智力资本构成公司的基础时，公司的有形基础设施和设备可能只是实际净资产的一小部分。

5. 市场倍数

运用市场倍数对公司进行评估通常基于市盈率、营业收入、流量等的倍数。不同于成熟公司基于收益的估值，初创企业的价值通常要根据市场倍数来确定。

风险投资人通常会推荐使用市场倍数,因为它可以很好地表明市场愿意为公司支付的费用。一般来说,投资人将公司价值与市场上类似公司近期的收购价进行比较。

假设移动应用软件公司的估值是销售额的5倍,了解真正的投资人愿意为移动软件支付多少费用后,创业者可以使用5倍市盈率作为评估移动应用风险的基础,并根据企业的情况上下调整倍数。例如,如果移动应用软件公司比其他同类企业处于更早的发展阶段,鉴于投资人承担的风险更大,它的市盈率可能会低于5倍。

为了对处于起步阶段的公司进行估值,还要开展广泛的调查,以评估一旦进入成熟运营阶段,公司的销售额或收益将是多少。投资人通常会在认可公司的产品和商业模式后向企业提供资金,这种投资甚至会在公司产生收益之前发生。

可以说,这种方法提供的价值估计最接近投资人愿意支付的价格,但在实际操作中可能存在一个障碍:很难找到可比较的市场交易。在初创市场找到可比较的公司并不那么容易,因为处于早期阶段未上市的同类公司,其交易条款通常是保密的。

6. 贴现现金流

对于大多数初创公司——尤其是那些尚未开始产生收益的初创公司来说——大部分价值取决于未来的潜力。贴现现金流分析是一种重要的估值方法。

贴现现金流涉及预测公司未来将产生多少现金流,然后使用预期的投资回报率计算该现金流的价值。较高的贴现率通常适用于初创公司,因为初创公司无法产生可持续现金流的风险很高。

贴现现金流分析依赖于贴现现金流的质量,这取决于分析师预

测未来市场状况和对长期增长率做出良好假设的能力。在许多情况下，预测几年后的销售额和收益变成了猜谜游戏。此外，贴现现金流模型产生的价值对用于贴现现金流的预期回报率高度敏感。因此，需要谨慎地使用贴现现金流分析。

7. 分阶段估值

天使投资人和风险投资公司经常使用分阶段估值方法快速得出一个粗略的公司价值范围。这种经验法则得出的价值通常由投资人设定，具体取决于企业所处的商业发展阶段。公司在发展道路上走得越远，公司的风险就越低，价值就越高。分阶段估值模型如表7-1所示。

表 7-1 分阶段估值模型

预计公司价值（美元）	发展阶段
25 万—50 万	有一个令人兴奋的商业理念或商业计划
50 万—100 万	拥有强大的管理团队来执行商业计划
100 万—200 万	拥有最终产品或技术
200 万—500 万	有战略联盟或合作伙伴，或有客户群的迹象
500 万及以上	有明显的收入增长迹象和明显的盈利途径

具体的价值范围将因公司而异，也取决于投资人的看法，然而必须指出的是，只有商业计划的初创公司很可能从所有投资人那里只能获得最低的估值。随着公司成功达到发展里程碑，投资人将愿意分配更高的价值。

许多私募股权公司会采用这种方法，即在公司达到发展里程碑时提供额外的资金。例如，第一轮融资的目标可能是开发产品。一旦产品被证明是成功的，就会提供后一轮的资金来支持大规模生产和销售该产品。

8. 估值底线

在进行投融资之前，创业者和投资人可以确定一个估值底线，比如 100 万元。这样做的好处是给项目一个基本的论调，并缩短双方谈判的时间，促使双方更快地达成投资共识。

7.5.3 投资人的估值游戏

对于投资人而言，核心的两个问题是：投资与否和投资数额。

创业者要如何快速获得投资人对自己和项目的认同，让投资人相信创业者具有推进项目并获得成功的能力？

一般而言，投资人决定投资与否主要看创业者本人，而投资数额主要看项目的潜力。创业者需要在商业计划书中清晰展现公司的商业模式，包含市场情况、业务拓展空间、公司的未来估值、取得资金将如何使用等。

面对投资人，创业者首先需要明白的核心要点是：投资人是在进行一种估值游戏，对创投基金来说尤其如此——其每一笔投资都可以被视为一场估值游戏。这场估值游戏的核心在于：让企业获得估值，并利用可行的技术手段不断推高企业的估值。

当一家公司成立后，无论公司销售额大小和利润高低，如果没有人向公司购买其股份（或股票），那么这家公司是没有任何估值的（但并不代表公司实际上没有价值）。只有投资人真正向企业投资购买股份（或股票）时，公司才具有估值。

在投资之后，投资人和公司就成了利益共同体。投资人通常会利用自身的各种资源推动企业发展壮大，并不断用技术手段让企业的估值变得更高。

7.6 总结

本章主要介绍了四个方面的内容。

首先是创业金融的核心，包含资本如何流动、创业金融的基本任务、如何理解创业金融（资金的使用成本）以及投资决定的重要工具——WACC。

其次是如何管理资金，即创业公司的财务管理，包含财务报表的重要性和三大财务报表的作用，以及如何进行财务预测。

再次是如何寻找资金，即如何获得资金或融资，包含获得资金的方式：自有资金、股权融资和债务融资，并介绍其他获取资金的方式。

最后是估值，包含初创公司估值的定量分析、评估初创企业发展的指标与方法，以及投资人的估值游戏是如何进行的。

通过本章的学习，读者可以系统掌握创业金融的主要方面、获取资金的方法和工具，以及评估企业发展的重要财务指标。

思考题

> a. 请解释为什么创业者的财务纪律对他们来说是生死博弈？
>
> b. 为什么 WACC 会对创业者融资有直接的帮助？
>
> c. 企业如果没有资产、没有盈利、没有客户也没有员工，会有估值吗？
>
> d. 我找到了 51 个朋友来投资我的创业项目，每一个人都愿意拿一份股份，我可以创业吗？

e. 专业投资人如何评估一家初创公司?

f. "创业估值是一场游戏",这句话你是否理解及认同呢?

g. 你是否懂得如何管理好你的投资人呢?

第 8 章 运营管理

8.1 概述

运营管理是整个创业活动从规划到落地的关键一环。如果没有开展有效的运营管理,之前的很多工作就成了停留在纸面上的工作,创业也就成了纸上谈兵。

创业者已经在商业模式画布中初步确定了价值主张及关键业务,而创业运营要做的关键事项就是:紧紧围绕价值主张传递的目标,开展各项关键业务,将价值主张通过产品或服务传递给客户,并获取客户的反馈。从这些事项出发,创业团队就必须清晰地了解企业运营从输入到产出的过程:需要输入什么,产出什么,在这一过程中需要注意哪些事项等。价值主张也可能需要依靠附加产品来实现。如有套票机制的全国咖啡连锁店,其核心的价值主张就是:顾客在不同城市都能方便地喝到相同的咖啡。这时运营管理就必须能在全国各主要城市找到合适的地点开店,保持每一家店的味道和质量的一致性以满足顾客对连锁店的统一要求。这些都是运营管理的范畴,可以说创业的一切成功要素都基于运营管理。

在很多时候，企业的运营是一个典型的"黑盒子"。我们通常只知道资源的输入和产品的产出，而无法确知企业在这一过程中究竟是如何做的。

因此，在实践中创业者必须因地制宜，通过有效的运营管理促进价值主张的传递并获取回馈。创业者需要理解的一点是，创新是商业模式的创新以及商业模式的创新实践。商业模式创新的实施、商业模式的落地、产品制造流程都在于运营管理。只有通过创新才能推进高效的创业运营工作，只有运营得法，价值主张才能顺利传递并为企业赢得市场。在这个层面上，我们也可以看出，创业即创新，创业必须创新，二者是一体两面的等同关系。

在运营管理的创新层面，关键在于跨行业寻找标杆并借鉴创新，从而获取本行业内的比较优势。

本章思路如图 8-1 所示。

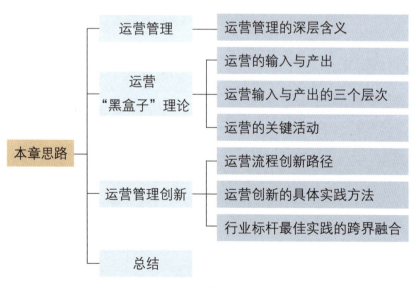

图 8-1　本章思路

8.2 从画布到落地——运营管理的深层含义

了解运营的最佳方式就是环顾四周——我们周围能看到的一切商品几乎都是通过运营产生的，我们使用的每一项服务（广播电台、公共汽车服务、讲座等）也几乎都是由企业的运营而产生的。那么，运营的实质是什么呢？

罗伯特·约翰斯顿（Robert Johnston）、斯图尔特·钱伯斯（Stuart Chambers）、克里斯廷·哈兰（Christine Harland）等所著《运营管理案例》（Cases in Operations Management）中提出：运营管理是管理用于生产和交付产品或服务的活动。（Operations management is the activity of managing the resources which are devoted to the production and delivery of products and services.）这句话适用于所有的企业，它道出了运营管理的内涵。但实际上，对于企业尤其是初创企业来说，运营管理还有更深层的含义。

对创业者而言，运营管理不仅是管理生产和交付产品的资源，而且是推进商业模式落地的重要工作，是规划好商业模式后开展企业实际工作的第一步。

商业模式画布中的关键业务是围绕传递价值主张这一目的而开展的，将承载价值主张的产品或服务制造、提供出来，交付给客户并获得客户的反馈。这一完整过程就是初创企业的运营管理。

制造承载价值主张的产品或服务、交付这些产品或服务和收集客户反馈是企业运营管理需要完成的核心事项。显然，初创企业运营管理的目标是传递价值主张而非单纯地交付产品或服务。比如，开设一家火锅店，其运营并不仅是提供火锅给客户，还应向客户提供承载价值主张的产品或服务。这个价值主张是多样化的。如面向年轻人群体提供单人火锅,其价值主张就是让客户可以不受打扰地享用火锅美味,他们可能暂时难以邀请到其他人或者干脆不想邀请其他人来吃火锅;面向家庭客户的火锅店,就是为家庭客户提供一个可以让大人和小孩都能得到放松和娱乐的场所,吃火锅并非目的,而主要是让家人欢聚一堂。这两种主营火锅的企业分别对应着两种完全不同的价值主张。它们的运营都需要围绕"制造产品或服务、传递价值主张并获取回馈"来开展,因此企业在场所装修、菜品设计、定价、营销渠道选择等方面也要开展不同的工作。

8.3 "黑盒子"理论:企业运营的输入与产出

在控制论中,通常把一个未知的、不可视的区域或系统称为"黑盒子"(或"黑箱"),而把全知的、可视的区域或系统称为"白盒子"(或"白箱"),把介于两者之间、部分可视的区域或系统称为"灰盒子"(或"灰箱")。一般来讲,在社会生活中广泛存在着"黑盒子"现象——有输入和产出,但其中的转化细节却不可知(见图8-2)。我们看的电视机就是一个典型的"黑盒子"。我们并不了解电视机内部光电信号的转化过程,但我们知道只要通电和接入信号(有明确的输入),就可以看到丰富多彩的节目(有特定的产出)。

图 8-2 "黑盒子"现象示意

8.3.1 企业"黑盒子"输入与产出的三个层次

从运营管理的角度来看,企业也如同一个"黑盒子"(见图8-3)。当输入实物资源后,企业经过转化过程会有产品或服务的产出。这是输入的第一个层次,也是一个最基本的层次。

图 8-3　企业"黑盒子"的第一个层次

然而,初创企业不只是简单地产出产品或服务,而是要传递价值主张。因此,仅输入实物资源是不够的,在输入实物资源之外,还需要输入信息资源。由此这个"黑盒子"就变成一个实物和信息的双重处理的过程,见图8-4。这是输入的第二个层次。

图 8-4　企业"黑盒子"的第二个层次

第二个层次对于很多企业而言是一种常态,但是如果要让企业有难以替代的价值，那么这些输入还不够。在实物资源、信息资源之外，可以叠加知识资本等，这样可以为客户带来卓越的价值，见图8-5。全球范围内的很多著名企业，如苹果、亚马逊、微软等，都是这类企业的杰出代表。

图8-5 企业"黑盒子"的第三个层次

8.3.2 打开"黑盒子"：企业运营的关键活动

企业的运营管理是将承载价值主张的产品或服务制造、提供出来，交付给客户，并获得客户的反馈。而要做到这些，需要开展哪些工作呢？

需要明确的是，运营管理是"Operations Management"而不是"Operation Management"。这意味着运营管理是一项包含多项活动的复杂过程。所有的运营管理都是围绕交付开展的。

输入侧：包括实物资源、财政资源、人才资源、信息资源、知识资源等各类资源的输入。

企业的运营过程：在企业内部需要组织开展生产运营、营销管理、金融会计、人力资源管理、研究开发、信息系统等一系列工作以及规划、组织、领导、控制等管理工作。

输出侧：承载价值主张的产品或服务。

反馈与评估:包括金融层面的评估、生产率评估,以及是否实现既定目标等。

图 8-6 展示了运营管理流程。

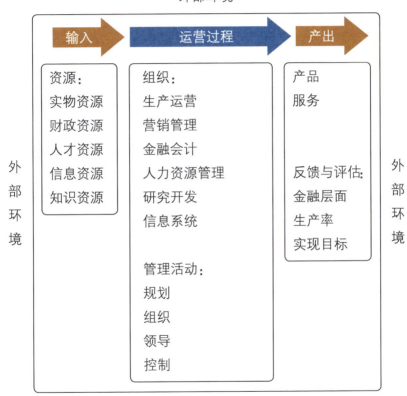

图 8-6 运营管理流程

8.4 运营管理的创新

已经有大量的实例证明，运营管理的创新是初创企业取得创业成功的关键之一。运营管理的创新有流程创新、引入跨行业标杆等不同路径。

8.4.1 运营流程创新路径

运营流程创新指寻找一种全新的而非传统的方式来完成产品的产出。在运营流程创新中，最终产品并未改变，但产品的产出方法发生了变化。改进可能是由于启用了新的技术、设备或是合作伙伴等。

通常来说，流程创新可以通过流程自动化、流程合理化、流程再造和流程范式转变等路径。

  i. 流程自动化，指将流程计算机化以加快现有任务完成速度。

  ii. 流程合理化，指精简标准操作流程，消除明显的瓶颈业务。

  iii. 流程再造，指从根本上重新设计业务流程。

  iv. 流程范式转变，是比流程再造更激进的变革形式，完全改变了原有的流程模式而选择新的模式。

运营流程创新的典型例子是中国企业家刘永好在鹌鹑蛋生产流程上的创新。

刘永好是四川人，家中四兄弟都拥有大学文凭。他们学习了计算机、机械等专业知识，这为后来创业的流程创新奠定了很好的知识基础。

刘氏兄弟第一次创业是在 20 世纪 80 年代初开展的鹌鹑养殖项目。他们注意到市场上其他养殖鹌鹑的专业户存在三大问题：养殖技术低、养殖成本高、企业运营差。于是，他们决定通过创新，解决这三大问题。

他们成立了一个科研小组，使用计算机辅助制定决策，培育出产蛋率高达 80% 的良种鹌鹑，并配制出高产饲料。同时，他们还开创了一整套系统性的养殖技术——"生态循环饲养法"，即用鹌鹑粪养猪，猪粪养鱼，鱼粪养鹌鹑。这套技术使得鹌鹑蛋的成本降低到鸡蛋的水平，使得原本售价很高的鹌鹑蛋变成了"白菜价"。

刘氏兄弟的首次创业通过运营流程创新（流程合理化与流程范式转变）取得了巨大的成功。截至 1986 年他们养殖的鹌鹑超过了 15 万只，并销往海外。后来刘永好继续开拓饲料行业，并在 2001 年以 83 亿元人民币登上《福布斯》富豪榜，成为当年的中国首富。

8.4.2　运营创新的具体实践方法

世界各地的企业在运营实践中产生了很多杰出的创新案例。这些创新实践大大丰富了运营创新的方法论。

1. 沃尔玛——交叉配送

在沃尔玛的运营管理中，物流配送占有很重要的地位。沃尔玛在多家零售卖场的中央位置设立一个配送中心。这个配送中心并不是传统的分拣配送仓储型中心，而是采用创新的交叉配送方式的通过型中心。配送中心以交叉配送的方式将来自供应商的货物按照所要发送的店铺，直接进行分拣、装车，并向各个店铺发货。

交叉配送的独特作业方式，省去了入库、储存、分拣环节，使进货、出货基本上可以同步进行，没有仓储成本，同时推进货物流通全面加速。在竞争对手每 5 天才能配送一次货物的情况下，沃尔玛每天都能配送一次货物，这大大减少了配送时间，降低了管理成本。

数据表明，沃尔玛的配送成本仅占销售额的 2%，而一般同类企业这个比例高达 10%。这种灵活高效的物流配送方式使沃尔玛在竞争激烈的零售业中获得了较大的优势。

2. 麦当劳——标准化

通常来说，餐厅的口味取决于厨师，每家餐厅的味道都是不同的。但麦当劳在餐饮行业创立了标准化的管理机制，顾客在任何一家餐厅都可以享受到统一的口味、服务和用餐体验。从原材料生产到食品制作流程，从产品包装到厨房所用的设备，从选址设点到经营管理，麦当劳投入了大量的人力和资金去确定最佳方案、操作流程，将标准传递给经营者，再花费大量精力去监督标准化在每个餐厅的实施情况。到 20 世纪 70 年代，仅炸薯条一项的资金投入就累积达到 300 万美元，可见麦当劳在标准化上的投入的确惊人。

麦当劳对各个环节、不同工种都制作了统一的操作规则和作业手册，据说这种"技术软件"已超过 25000 条。麦当劳使用的牛肉要经过 40 多道程序的检验；挑选土豆时对产地、气候、温度、湿度甚至形状都有严格标准；柜台高度严格设定为 0.92 米；甚至对汉堡包上的芝麻如何撒得均匀、撒几下都有要求，所有这些都有量化的统一规定。这类技术资料手册一经制定，便成为牢不可破的基础，只要按照这种"技术软件"进行操作和管理，就可以保证产品品质不走样，麦当劳的风格不会变形。

麦当劳的标准化大大强化了顾客对其价值主张和品牌的认知，成为其成功的重要因素之一。

3. 戴尔——直销系统

不生产电脑零配件的戴尔完全依照最终消费者的需求，个性化地配置电脑系列产品，并通过第三方物流直接送货上门。这种模式与传统的电脑生产方式截然不同。

为了实现这种创新的模式，戴尔进行了加工装配技术的革新，比如流水线的提速、包装机的自动控制等，这些专利确保了戴尔模式的精髓——"效率第一"。与传统的分销模式相比，戴尔直销模式省去了分销商、零售商等中间环节，大幅减少甚至消除了库存，降低了库存成本，避免了宝贵的资金被库存占压。同时通过直接与客户打交道，更好地了解客户的需求动向，可以迅速地做出产品调整以适应市场需求。

据统计，戴尔公司因为省去中间销售环节而节省了约20%的成本，与合作伙伴共同建立的有效的物流配送模式也帮助戴尔大幅降低成本。这些运营创新的具体实践方法让戴尔在短时间内快速崛起，成为全球知名的个人计算机厂商。

4. 丰田——改善精益系统

丰田是全球十大汽车工业公司之一。在丰田的发展过程中，持续改善起到了很大作用。丰田内部一直持续进行的QC（Quality Control Circle，质量控制小组）活动和提案活动推进了企业运营的持续改善。

丰田包括直接的生产部门在内的全体员工，都需要加入某个QC中。与QC活动相配套的是提案制度，也就是合理化建议制度，由QC提出各类合理化建议。通过QC和提案制度，丰田持续开展质量、成本、设备等方面的改善与精益活动。

据统计，到 2005 年丰田员工的合理化建议达到 60 多万条，采用率达到 99%。这为公司节约了大量的成本，持续改善精益系统为丰田带来了巨大效益。

5. ZARA——快速产品原型系统

ZARA 是著名的快时尚品牌。ZARA 的策略并不是引领时尚潮流，而是紧跟潮流。它从其他名牌时装秀、影视甚至街拍中吸取灵感，不断更新自己的产品。

传统的服装零售商从设计到成品上市的周期一般在 6—9 个月甚至更长，所以它们都不得不努力去预测几个月后会流行什么、销售量会有多大。这种预测风险很大，很多时候会造成产品过时难以出售而浪费大量成本。而 ZARA 则由时装设计师参考最新潮流进行快速设计、形成产品，并结合快速供应链制造出大量成品上市，从设计理念到成品上市平均只需要 10—14 天。ZARA 快速产品原型系统的创新，让企业摆脱了冗长的上新过程，企业运营因此变得更加灵活高效，同时避免了不必要的成本浪费。

8.4.3　运营创新的重点：行业标杆最佳实践的跨界融合

行业标杆的跨界融合是学习运营管理创新的重点内容。

行业标杆的跨界融合最典型的案例是麦当劳与迪士尼。麦当劳和迪士尼分别是快餐行业和游乐园行业的标杆企业，它们在各自的行业领域内有着标杆意义的最佳实践。而二者之间跨行业的相互学习、借鉴、融合，带来了高效和具有深远意义的运营创新。

麦当劳与迪士尼开展了一次卓有成效的合作。它们在这次合作中相互学习并获益匪浅。

迪士尼通过向麦当劳学习，把游乐场标准化了，这为迪士尼带来了巨大的发展空间。每一家迪士尼的样式、组成都形成标准化，因此它可以在全球范围内快速扩张，并节约大量的运营培训和采购成本。而且，出售饮料与食物成为迪士尼营收的一大来源。

麦当劳通过向迪士尼学习，为儿童提供了玩具和娱乐设施，成功地提升了在儿童群体中的品牌影响力，并带来了大批家庭用户。时至今日，麦当劳甚至已经成为全球最大的玩具商。

借鉴其他行业的最佳实践，是最为有效的运营创新方法之一，也成为推进运营创新的关键。

此外，"一二三"也是一种跨界融合的有效方式，即从第一世界借鉴到第二世界，或从第二世界借鉴到第三世界。这通常是一种行之有效的运营创新方式。

8.5 总结

本章主要介绍了三个方面内容。

首先介绍了创业运营管理的含义，运营管理的核心在于将承载价值主张的产品制造出来，交付给客户并获取反馈。

其次将运营管理视为"黑盒子"，进行输入、产出分析，包含企业"黑盒子"输入与产出的三个层次，以及企业运营的关键活动。

最后介绍了运营管理的创新，包含运营流程创新路径、运营创新的具体实践方法，以及运营创新的重点，即行业标杆最佳实践的跨界融合。

通过本章的学习，读者可以认识运营管理的主要含义，掌握获取初创企业运营管理关键活动、创新路径的方法。

思考题

a. 除了把一家公司视为一个"黑盒子"，还可以将其视为其他事物吗？

b. 为什么从跨行业、跨领域最佳实践中寻找创新机会是一个非常好的创新方法？

c. "所有创新都需要落地于运营"，请解释这句话的内涵。

d. 运营、产品开发、商业模式、创新之间有怎样的关系、联动与互动？

e. "产品创新难，运营流程创新更难"，你同意这种说法吗？

f. 运营流程的创新难在什么地方？

g. 为什么运营流程的设计是整个创业过程中最重要的部分?

h. 为什么很多成功的企业家会被称为运营之神?

参考文献

Acosta, A. S., et al. (2018). Effect of market orientation, network capability and entrepreneurial orientation on international performance of small and medium enterprises (SMEs)[J]. International Business Review 27(6): 1128-1140.

Amit, R. and C. Zott (2012). Creating value through business model innovation[J]. MIT Sloan Management Review 53(3): 41-49.

An, J., et al. (2022). The influence of entrepreneurs' online popularity and interaction behaviors on individual investors' psychological perception: Evidence from the peer-to-peer lending market[J]. Frontiers in Psychology 13: 825478.

Anwar, I., et al. (2022). The role of entrepreneurship education and inclination on the nexus of entrepreneurial motivation, individual entrepreneurial orientation and entrepreneurial intention: Testing the model using moderated-mediation approach[J]. Journal of Education for Business 97(8): 531-541.

Arenius, P. and D. D. Clercq (2005). A network-based approach on opportunity recognition[J]. Small Business Economics 24(3): 249-265.

Aulet, B. (2013). Disciplined entrepreneurship: 24 steps to a successful startup[M]. Hoboken, New Jersey: John Wiley & Sons.

Awan, U. and R. Sroufe (2022). Sustainability in the circular economy: Insights and dynamics of designing circular business models[J]. Applied Sciences 12(3): 1521.

Baron, R. A. (2006). Opportunity recognition as pattern recognition: How entrepreneurs "connect the dots" to identify new business opportunities[J]. Academy of Management Perspectives 20(1): 104-119.

Baron, R. A. and G. D. Markman (2018). Toward a process view of entrepreneurship: The changing impact of individual-level variables across phases of new firm development[M]. London: Routledge.

Tian, B. and L., Dai (2019). International entrepreneurship path of Chinese new ventures based on cross-border e-commerce[J]. Science Research Management 40(9): 149-158.

Blank, S. (2020). The four steps to the epiphany: successful strategies for products that win[M]. Hoboken, New Jersey: John Wiley & Sons.

Blank, S. and B. Dorf (2020). The startup owner's manual: The step-by-step guide for building a great company[M]. Hoboken, New Jersey: John Wiley & Sons.

Blundel, R., et al. (2021). Exploring entrepreneurship[M]. 3rd ed. London: Sage.

Brodsky, N. (1995). Why start-ups fail[J]. Inc 17: 27.

Brown, K. C. and K. W. Wiles (2020). The growing blessing of unicorns: The changing nature of the market for privately funded companies[J]. Journal of Applied Corporate Finance 32(3): 52-72.

Chandler, G. N., et al. (2011). Causation and effectuation processes: A validation study[J]. Journal of Business Venturing 26(3): 375-390.

Chandra, Y., et al. (2009). The recognition of first time international entrepreneurial opportunities: Evidence from firms in knowledge - based industries[J]. International Marketing Review 26(1): 30-61.

Christensen, C. (1997). The innovator's dilemma: When new technologies cause great firms to fail[M]. London: Harvard Business School Press.

Chung, L. H. and P. T. Gibbons (1997). Corporate entrepreneurship: The roles of ideology and social capital[J]. Group & Organization Management 22(1): 10-30.

Collins, J. (2019). Turning the flywheel: a monograph to accompany good to great[M]. New York: HarperCollins Publishers.

Costa, A. F. d. (2010). Effectual cells: Fostering innovation-based corporate entrepreneurship through conditions for effectual processes (Interactive Paper)[J]. Frontiers of Entrepreneurship Research 30 (17): 10.

Davidsson, P. (2015). Entrepreneurial opportunities and the entrepreneurship nexus: A re-conceptualization[J]. Journal of Business Venturing 30(5): 674-695.

Detienne, D. R. and G. N. Chandler (2010). The impact of motivation and causation and effectuation approaches on exit strategies[J]. Frontiers of Entrepreneurship Research 30(1): 1.

Dimov, D. (2010). Nascent entrepreneurs and venture emergence: Opportunity confidence, human capital, and early planning[J]. Journal of

Management Studies 47(6): 1123-1153.

Drucker, P. and J. Maciariello (2014). Innovation and entrepreneurship [M]. London: Routledge.

Dudin, M., et al. (2015). The innovative business model canvas in the system of effective budgeting[J]. Asian Social Science 11(7): 290-296.

Faisal, N., et al. (2022). Business simulation games in higher education: A systematic review of empirical research[J]. Human Behavior and Emerging Technologies (1): 1-28.

Fini, R. and L. Toschi (2016). Academic logic and corporate entrepreneurial intentions: A study of the interaction between cognitive and institutional factors in new firms[J]. International Small Business Journal 34(5): 637-659.

Gerber, M. E. (2001). The e-myth revisited why most small businesses don't work and what to do about it[M]. New York: HarperCollins Publishers.

Glover, D. C. (2017). Opportunity recognition: A comparative analysis of nascent student entrepreneurs and non-nascent students[J]. The University of Southern Mississippi Honors Theses.

González-Uribe, J. (2020). Exchanges of innovation resources inside venture capital portfolios[J]. Journal of Financial Economics 135(1): 144-168.

Grégoire, D. A., et al. (2010). Cognitive processes of opportunity recognition: The role of structural alignment[J]. Organization Science 21(2): 413-431.

Guan, H., et al. (2019). Research on innovation behavior and performance of new generation entrepreneur based on grounded theory[J]. Sustainability 11(10): 2883.

Hashim, N. and N. M. Abuzhuri (2017). The role of entrepreneurial opportunity recognition on relationship among entrepreneurship education and entrepreneurial career option[J]. European Journal of Business and Management 9(30): 99-106.

Hechavarría, D. M. and A. E. Ingram (2019). Entrepreneurial ecosystem conditions and gendered national-level entrepreneurial activity: A 14-year panel study of GEM[J]. Small Business Economics 53(2): 431-458.

Hina, M., et al. (2022). Drivers and barriers of circular economy business models: Where we are now, and where we are heading[J]. Journal of Cleaner Production 333: 130049.

Kakouris, A. and P. Liargovas (2021). On the about/for/through framework of entrepreneurship education: A critical analysis[J]. Entrepreneurship Education and Pedagogy 4(3): 396-421.

Karlsson, C., et al. (2021). Diversity, innovation and entrepreneurship: Where are we and where should we go in future studies?[J]. Small Business Economics 56(2): 759-772.

Khanin, D., et al. (2022). Barriers to entrepreneurship: Opportunity recognition vs. opportunity pursuit[J]. Review of Managerial Science 16(4): 1147-1167.

Kickul, J. and T. S. Lyons (2020). Understanding social entrepreneurship: The relentless pursuit of mission in an ever changing world[M]. 3rd ed. London: Routledge.

Kim, J. Y., et al. (2018). The role of problem solving ability on innovative behavior and opportunity recognition in university students[J]. Journal of Open Innovation: Technology, Market, and Complexity 4(1): 1-13.

Kraus, S., et al. (2022). Facebook and the creation of the metaverse: radical business model innovation or incremental transformation?[J]. International Journal of Entrepreneurial Behavior& Research 28(9): 52-77.

Landström, H., et al. (2015). Innovation and entrepreneurship studies: One or two fields of research?[J]. International Entrepreneurship and Management Journal 11(3): 493-509.

Lee, D. (2020). The role of R&D and input trade in productivity growth: Innovation and technology spillovers[J]. The Journal of Technology Transfer 45(3): 908-928.

Linda, S.-l. L. (2010). Chinese entrepreneurship in the internet age: Lessons from Alibaba. Com[J]. International Journal of Economics and Management Engineering 4(12): 2252-2258.

Liu, M. and X. Yu (2021). Assessing awareness of college student startup entrepreneurs toward mass entrepreneurship and innovation from the perspective of educational psychology[J]. Frontiers in Psychology 12: 690690.

Long, D., et al. (2021). Built to sustain: The effect of entrepreneurial decision-making logic on new venture sustainability[J]. Sustainability 13(4): 2170.

Maucuer, R., et al. (2022). What can we learn from marketers? A bibliometric analysis of the marketing literature on business model research[J]. Long Range Planning 55(5): 102219.

McGrath, R. G. and I. C. MacMillan (2000). The entrepreneurial mindset: Strategies for continuously creating opportunity in an age of uncertainty[M]. London: Harvard Business Press.

McMullen, J. S. and D. A. Shepherd (2006). Entrepreneurial action and the role of uncertainty in the theory of the entrepreneur[J]. Academy of Management Review 31(1): 132-152.

Millman, C., et al. (2009). Educating students for e-entrepreneurship in the UK, the USA and China[J]. Industry and Higher Education 23(3): 243-252.

Minafam, Z. (2019). Corporate entrepreneurship and innovation performance in established Iranian media firms[J]. AD-minister(34): 77-100.

Niendorf, B. and K. Beck (2008). Good to great, or just good?[J]. The Academy of Management Perspectives 22(4): 13-20.

Nolden, C., et al. (2020). Community energy business model evolution: A review of solar photovoltaic developments in England[J]. Renewable and Sustainable Energy Reviews 122: 109722.

Osterwalder, A., et al. (2014). Value proposition design: How to create products and services customers want[M]. Hoboken, New Jersey: John Wiley & Sons.

Osterwalder, A., et al. (2010). Business model generation: A handbook for visionaries, game changers and challengers[M]. Hoboken, New Jersey: John Wiley & Sons.

Palmié, M., et al. (2022). The evolution of the digital service ecosystem and digital business model innovation in retail: The emergence of meta-ecosystems and the value of physical interactions[J]. Technological Forecasting and Social Change 177: 121496.

Parajuli, S. (2019). Transforming corporate governance through effective corporate social responsibility (CSR) and social entrepreneurship orientation in Nepal[J]. Quest Journal of Management and Social Sciences: Corporate Governance Edition 1(1): 26-49.

Rawhouser, H., et al. (2019). Social impact measurement: Current approaches and future directions for social entrepreneurship research[J]. Entrepreneurship Theory and Practice 43(1): 82-115.

Read, S., et al. (2009). A meta-analytic review of effectuation and venture performance[J]. Journal of Business Venturing 24(6): 573-587.

Rezazadeh, A. and N. Nobari (2018). Antecedents and consequences of cooperative entrepreneurship: A conceptual model and empirical investigation[J]. International Entrepreneurship and Management Journal 14: 479-507.

Ries, E. (2011). The lean startup: How constant innovation creates radically successful businesses[M]. New York: Portfolio Penguin.

Saebi, T., et al. (2019). Social entrepreneurship research: Past achievements and future promises[J]. Journal of Management 45(1): 70-95.

Santoro, G., et al. (2020). Exploring the relationship between entrepreneurial resilience and success: The moderating role of stakeholders' engagement[J]. Journal of Business Research 119: 142-150.

Santos, S. C., et al. (2019). Team entrepreneurial competence: multilevel effects on individual cognitive strategies[J]. International Journal of Entrepreneurial Behavior& Research 25(6): 1259-1282.

Schumpeter, J. A. (1934). The theory of economic development [M].

London: Harvard Economic Studies.

Scuotto, V., et al. (2022). Extending knowledge-based view: Future trends of corporate social entrepreneurship to fight the gig economy challenges[J]. Journal of Business Research 139: 1111-1122.

Sengupta, S., et al. (2018). Conceptualizing social entrepreneurship in the context of emerging economies: an integrative review of past research from BRIICS[J]. International Entrepreneurship and Management Journal 14: 771-803.

Shamsudeen, K., et al. (2017). Entrepreneurial success within the process of opportunity recognition and exploitation: An expansion of entrepreneurial opportunity recognition model[J]. International Review of Management and Marketing 7(1): 107-111.

Starnawska, M. and A. Brzozowska (2018). Social entrepreneurship and social enterprise phenomenon: Antecedents, processes, impact across cultures and contexts[J] Journal of Entrepreneurship, Management and Innovation 14(2): 3-18.

Stevenson, H. and D. Gumpert (1985). The heart of entrepreneurship[J] Harvard Business Review 63(2): 85-94.

Sukumar, A., et al. (2021). The influences of social media on Chinese start-up stage entrepreneurship[J]. World Review of Entrepreneurship, Management and Sustainable Development 17(5): 559-578.

Sun, B. and Y. Liu (2021). Business model designs, big data analytics capabilities and new product development performance: Evidence from China[J]. European Journal of Innovation Management 24(4): 1162-1183.

Sussan, F. and Z. J. Acs (2017). The digital entrepreneurial ecosystem[J]. Small Business Economics 49(1): 55-73.

Sutter, C., et al. (2019). Entrepreneurship as a solution to extreme poverty: A review and future research directions[J]. Journal of Business Venturing 34(1): 197-214.

Tan, Y. and X. Li (2022). The impact of internet on entrepreneurship [J]. International Review of Economics & Finance 77: 135-142.

Thiel, P. and B. Masters (2014). Zero to one: Notes on start-ups, or how to build the future[M]. New York: Currency.

Timmons, J. A., et al. (2004). New venture creation: Entrepreneurship for the 21st century[M]. New York: McGraw-Hill/Irwin.

Tiwari, P., et al. (2022). Mediating role of prosocial motivation in predicting social entrepreneurial intentions[J]. Journal of Social Entrepreneurship 13(1): 118-141.

Tseng, C. and C.-C. Tseng (2019). Corporate entrepreneurship as a strategic approach for internal innovation performance[J]. Asia Pacific Journal of Innovation and Entrepreneurship 13(1): 108-120.

Tvede, L. and M. Faurholt (2018). Entrepreneur: Building your business from Start to success[M]. Hoboken, New Jersey: John Wiley & Sons.

Urmanaviciene, A. and U. S. Arachchi (2020). The effective methods and practices for accelerating social entrepreneurship through corporate social responsibility[J]. European Journal of Social Impact and Circular Economy 1(2): 27-47.

Venter, M., et al. (2019). Perceived contribution of township enterprises on local economic development in Mabopane Township,

South Africa[J]. Journal of Public Administration 54(4-1): 888-907.

Wang, J., et al. (2022). The internet use, social networks, and entrepreneurship: evidence from China[J]. Technology Analysis & Strategic Management: 1-15.

Wang, Z., et al. (2021). The Impact of young entrepreneurs' network entrepreneurship education and management system innovation on students' entrepreneurial psychology[J]. Frontiers in Psychology 12: 731317.

Wasserman, N. (2012). The founder's dilemmas: Anticipating and avoiding the pitfalls that can sink a startup[M]. Princeton, New Jersey: Princeton University Press.

Weber, M., et al. (2022). AI startup business models: Key characteristics and directions for entrepreneurship research[J]. Business & Information Systems Engineering 64(1): 91-109.

Wiltbank, R., et al. (2009). The role of prediction in new venture investing[J]. Frontiers of Entrepreneurship Research 29(2): 3.

Wu, Y. J., et al. (2019). Entrepreneurship in the internet age: Internet, entrepreneurs, and capital resources[J]. International Journal on Semantic Web and Information Systems (IJSWIS) 15(4): 21-30.

Yan, X., et al. (2018). Fostering sustainable entrepreneurs: Evidence from China college students'"Internet Plus" innovation and entrepreneurship competition (CSIPC)[J]. Sustainability 10(9): 3335.

刘帆（2019）. 高校创新创业教育现况调查及分析——基于全国938所高校样本 [J]. 中国青年社会科学 38（4）：67-76.

张亚宁（2019）. 青年创业扶持政策现状及优化策略 [J]. 青年与社会（27）：26-27.

林诚光，陈建行.（2018）.创业情商：决定你创业成功的 8 种关键能力 [M]. 北京：中信出版集团.

王宏（2020）.高校大学生创业政策存在问题及优化 [J]. 职业教育（汉斯）(3)：184–187.

田贵贤，等.（2020）.中国资源枯竭型城市创业服务创新评价及影响因素研究 [J]. 企业经济 39（8）：114–119.

陈少芬（2018）.浅议广州市小微企业创业环境存在的问题及优化措施 [J]. 中国管理信息化 21（20）：71–73.

隋姗姗，等.（2018）.我国创新创业人才培养路径探析——基于国外经验比较与创新创业教育生态系统构建的角度 [J]. 科学管理研究 36（5）：105–108.

高斌，段鑫星（2021）.城市创新创业环境评价指标体系构建与实证——以山东省 17 市为例 [J]. 中国科技论坛 2（3）：164–171.

魏影（2013）.论女大学生创业存在的问题及其应对措施 [J]. 继续教育研究（1）：128–129.